Die goldene Fontäne

Coen van der Kroon

Die goldene Fontäne

Die praktische Anwendung der Urin-Therapie

Aus dem Niederländischen von Volker Moritz

mit Hilfe von Jens Erren

Die Deutsche Bibliothek – CIP-Einheitsaufnahme
Kroon, Coen van der:
Die Goldene Fontäne : Die praktische Anwendung der
Urintherapie / Coen van der Kroon. Aus dem Niederländ. von
Volker Moritz. - Köln : vgs, 1994
    Einheitssacht.: Die gouden fontein <dt.>
    ISBN 3-8025-1287-1

© Text: Coen van der Kroon
© 1993 Tree of Life Publications, Amsterdam
Titel der niederländischen Originalausgabe: De Gouden Fontein.
Geschiedenes en Toepassing van Urine-Therapie
© der deutschsprachigen Ausgabe:
vgs verlagsgesellschaft, Köln 1994
Alle Rechte, insbesondere das Recht der Vervielfältigung und
Verbreitung vorbehalten.
Kein Teil des Werkes darf in irgendeiner Form
(durch Photokopie, Mikrofilm oder ein anderes Verfahren)
ohne schriftliche Genehmigung des Verlages reproduziert
oder unter Verwendung elektronischer Systeme verarbeitet,
vervielfältigt oder verbreitet werden.

Bildnachweis:
© Einband: Aus *Urin unter dem Mikroskop*, Recom Verlag, Basel
© Rajesh Bedi, Indien: S. 54
Einbandgestaltung: Christa Kochinke, Köln
Lektorat: Christian Pieper-Wiederstein, Köln
Satz und Lithos: ICS Communikations-Service, Bergisch Gladbach
Druck: Universitätsdruckerei H. Stürtz, Würzburg
Printed in Germany
ISBN 3-8025-1287-1

Inhalt

	Vorwort von Carmen Thomas	9
	Einleitung	13
1.	Meine Entdeckungsreise	16
2.	Die „Wunderwelt" der Urin-Therapie	25
3.	Die Entwicklung der Urin-Therapie	35
3.1	Die Entwicklung im Westen	35
3.2	Die Entwicklung im Osten	48
4.	Die Anwendung der Urin-Therapie	62
4.1	Der erste Schluck	63
4.2	Die innere Anwendung	65
4.3	Die äußerliche Anwendung	71
4.4	Warnungen und Richtlinien	75
4.5	Der Einfluß der Nahrung und anderer Faktoren	79
4.6	Oft gestellte Fragen (und ihre Antworten)	81
5.	Medizinisch-wissenschaftliche Aspekte	91
5.1	Auf der Suche nach einer Erklärung	91
5.2	Hypothesen	95
5.3	Einige besondere Inhaltsstoffe	105
6.	Erlebnisse und Erfahrungen	110
7.	„Shivambu Kalpa Vidhi", der vollständige Text aus dem Damar Tantra	136
	Register der Krankheiten und Beschwerden	148
	Namen- und Sachregister	150
	Literaturverzeichnis	153
	Wichtige Adressen	155

Danksagung

Viele Menschen haben mir bei der Entwicklung dieses Buches geholfen, mich inspiriert oder mir auf andere Art zur Seite gestanden.
Vielen Dank Euch allen! Mein besonderer Dank gilt Babaji, meinem spirituellen Lehrer; Volker Moritz, der mich ständig mit Ideen, Kommentaren und liebevoller Unterstützung versorgte und die Übersetzung und Fotos gemacht hat; Bhuri, die mich überhaupt erst in Kontakt mit der Urin-Therapie brachte; Jens für seinen Beitrag zur deutschen Übersetzung; und Diwani Amrehn für ihre Hilfe als „Fotomodell".
Wir bitten um Verständnis, daß wir einfachheitshalber nur die männliche Form verwendet haben, wenn es sich sowohl um Frauen als auch um Männer handelt.

„Der menschliche Körper ist das beste Abbild des Universums im Kleinen. Was nicht im menschlichen Körper existiert, besteht auch nirgends im Universum, doch was sich im Universum befindet, gibt es auch im menschlichen Körper."

Mahatma Gandhi

Vorbemerkung

Dieses Buch und die darin beschriebene Therapie stellen keinen Ersatz für medizinische Behandlungen jeglicher Art dar.

Die Informationen dieses Buches basieren auf eigenen Erfahrungen des Autors, den Berichten verschiedener Menschen und auf Veröffentlichungen.

Wir empfehlen, die Urin-Behandlung einer bestimmten Krankheit erst dann zu beginnen, wenn man sich ausreichend darüber informiert bzw. fachkundige Unterstützung hat.

Jeder, der diese Therapie anwendet, sollte vorsichtig damit umgehen und sich über den Prozeß der natürlichen Heilung im klaren sein.

Natürliche Heilmittel wirken immer von innen nach außen, d. h. einst unterdrückte Symptome, z. B. durch chemische Medikamente, können zeitweise wieder auftreten. Heilung von innen nach außen entgiftet den Körper. Das kann kurzfristig zu heftigen, manchmal auch unangenehmen Reaktionen führen.

Urin-Therapie und der gleichzeitige Gebrauch von allopathischen (schulmedizinischen) Medikamenten oder Drogen ist nicht ratsam.

Die in diesem Buch beschriebene Therapie ist für Menschen gedacht, die bereit sind, vollständig die Verantwortung für ihre Gesundheit und den eigenen Heilungsprozeß zu übernehmen und den Kräften des Körpers und dem inneren Arzt zu vertrauen.

Vorwort

Interessiert las ich im Januar 1993 einen Brief aus den Niederlanden, in dem mir Coen van der Kroon berichtete, daß er die geradezu wundersame Heilung seines Fußes mit Urin in Indien erlebt habe und seitdem eifrig weltweit sammele, was zur Urin-Therapie an Material zu finden sei. Er habe gehört, daß ich ein Buch schriebe. Und da auch er eines verfassen wolle, sei er an einem Gedankenaustausch interessiert.

Das erste Treffen fand dann doch erst bei der Pressekonferenz zum Erscheinen meines Buches „Ein ganz besonderer Saft – Urin" im Mai 1993 statt. Da kam ein junger Mann mit auffällig glatter Haut und strahlend freundlichen Augen und erzählte dem schockierten Publikum, daß er regelmäßig Urin trinke und dadurch sein Wohlbefinden gesteigert und Erkältungen und Hautprobleme beseitigt habe. Alle hörten gebannt, mit sichtbaren Zitronenmündern zu. Und natürlich mit Zweifeln: Ohne Not Urin trinken? Einfach so? Nur aus Gründen des Wohlbefindens? Igitt!

Im Austausch mit meinem Buch überließ mir Coen van der Kroon leihweise etwa zehn indische Schriften über Urin-Therapie. Das war für mich ein richtiges Glücksgefühl. Schwarz auf weiß fand ich darin die Bestätigung für meine eigenen Beobachtungen. Die dort geschilderten Erfahrungen stimmten mit denen des Publikums meiner „Hallo-Ü-Wagen-Sendung" aus NRW überein. Die Erkenntnisse, die sich aus meinen Recherchen ergeben hatten, wurden hier untermauert, und dazu ergab sich ein faszinierender Einblick in eine fremde Kultur.

Im Herbst 1993 schickte mir Coen van der Kroon sein Buch, das er mittlerweile im Eigenverlag herausgegeben hatte. Den angesprochenen niederländischen Verlagen war das Thema offenbar zu eklig gewesen. Ich versuchte, es zu lesen. Aber Niederländisch ist eben doch eine ganz eigene Sprache.

Im Januar 1994 war dann die deutsche Übersetzung fertig. Ich las das Buch, das Ihnen, liebe Leser-innen, jetzt vorliegt, mit großer Spannung. Wie merkwürdig! An manchen Stellen ergriff mich wieder die gleiche Skepsis wie in früheren Jahren, als ich begann, mich mit dem Thema systematisch zu befassen. Denn Urin in der Aids- und Krebs-Therapie – ging das nicht zu weit? Ich hatte zwar davon gehört, fand aber eher, daß eine große Gefahr bestehe, falsche Hoffnungen zu wecken bei Menschen, die ohnehin geschunden genug sind und werden. Hinzu kamen noch die strengen Vorschriften in Punkto Ernährung und Medikamenten-Einnahme. Mir lagen doch Heilungsberichte von Menschen vor, die ihre Eßgewohnheiten überhaupt nicht verändert hatten und von denen sogar viele ihre Medikamenten-Gaben weiter einnahmen. Gleichzeitig gefiel mir genau dies: Wie behutsam, ohne den kleinsten reißerischen Ton, Coen van der Kroon vorging und schrieb, im Bewußtsein der Verantwortung, die er als Urin-Therapeut ja dreimal mehr übernehmen muß als ich, die Journalistin, die niemanden berät, sondern lediglich gesammelte Erfahrungen veröffentlicht.

Als mir Coen van der Kroon im Januar 1994 eine Einladung zur zweiten gesamt-indischen Therapeuten-Konferenz zusandte, war ich spontan begeistert. Eine Riesen-Anstrengung zwar: so weit, so heiß und so kurz – eine knappe Woche. Aber das Interesse an der Sache siegte. Als Coen van der Kroon ebenso entschied hinzureisen, war ich hocherfreut. Einen Begleiter zu haben, der schon indisches Vorwissen und viele Kontakte hatte, empfand ich bei dem Abenteuer als große Erleichterung und als Privileg. Es wurde eines der spannendsten Erlebnisse meines Lebens: Einblick in eine sowohl schulmedizinisch als auch urin-therapeutisch orientierte Klinik für Gynäkologie und Geburtshilfe in Bombay. Der Besuch der Urin-Klinik in Baroda. Eingehende Gespräche mit sechs der ältesten und erfahrendsten Urin-Therapeuten Indiens, die für uns zusammengekommen waren. Das Regional-Treffen von ca. 60 Urin-Therapeut-inn-en in Bombay (da die zweite gesamt-indische Urin-Therapeuten-Konferenz in Bangalore ganz kurzfristig aus organisatorischen Gründen abgesagt werden mußte). Die Zusammenkunft mit indischen Patient-inn-en, die von ihren Heilerfolgen bei Krebs, Grauem Star, Psoriasis, Hämorrhoiden und anderen schweren Erkrankungen berichteten. Selbst von Erfolgen bei Aids war die Rede. Und schließlich der Besuch beim ehemaligen indischen Staatspräsidenten Morarji Desai eine Woche nach seinem 99. Geburtstag, vermittelt durch den Präsidenten der *Water of Life Foundation* in Bombay.

Ohne die Vorarbeit von Coen van der Kroon wäre so viel in so kurzer Zeit kaum möglich gewesen. Ich fiel während des Besuches von einem Staunen ins andere. Die Erfolge beeindruckten mich ebenso wie der Grundsatz der Urin-Therapeutinn-en, von ihren Patient-inn-en für diese Art der Behandlung kein Geld zu nehmen: „Das Medikament bringen die Betroffenen selbst mit, und es ist ein Akt der Humanität, sie über ihre Selbstheilungskräfte aufzuklären." (Spenden werden natürlich gerne genommen.)

Über meine eigenen Erlebnisse und Eindrücke in Indien und seit Mai 1993 werde ich ausführlich in meinem nächsten „Mitmach-Buch" über Urin, das 1995 erscheinen wird, berichten. Darin sollen aber vor allem die Erfahrungen, die meine verehrten Leser-innen mir Tag für Tag durch Briefe und Schilderungen zur Verfügung stellen, auszugsweise wiedergegeben werden. (An dieser Stelle noch einmal: Bitte schreiben Sie, gerne detailliert, was Sie wann, wie und wie oft anwandten, und welche Ergebnisse Sie dabei erzielten oder auch nicht erzielten. Nur mit viel Material wird es gelingen, eine systematische Forschung anzustoßen). Auch die Inder-innen selber wollen jetzt beginnen, ihre Ergebnisse auszuwerten. Bisher reichte ihnen der alte Medizin-Grundsatz: Wer heilt, hat Recht. Aber nun wollen auch sie ihre Erfahrungen wissenschaftlich untermauern.

Der Vorzug des Ihnen jetzt vorliegenden Buches

ist, daß Sie anders als im „besonderen Saft" sowohl Einblicke in die indische Tradition als auch endlich genaue Anwendungstips bekommen. Und da Ihr Urin für Sie in jedem Fall steril ist, wird die Erfahrungs-Sammlung von Coen van der Kroon ja vielleicht noch mehr Menschen zu dem mutigen Schritt veranlassen, ihren Urin nicht nur zu lassen, sondern für ihre Haut, ihr Immunsystem, gegen ihre inneren und äußeren Erkrankungen und zur Aussöhnung mit sich selbst zu nutzen. Denn schon die Befreiung vom Selbstekel wird von sehr vielen, die ihren Urin anwenden, als enorme Veränderung und Erleichterung geschildert. Mich hat der Satz eines Urin-Therapeuten in Baroda sehr beeindruckt: „Wenn wir den Urin wegschütten, machen wir den Körper dumm. Dann weiß das arme Immunsystem gar nicht, wogegen es vorgehen soll." (Beim Impfen in der Schulmedizin wird ja genau dieser Vorgang auf etwas schmerzhaftere Weise genutzt. Genau dies geschieht auch, wenn Sie sich mit Ihrem Urin einreiben, damit gurgeln oder ihn trinken.)

Inzwischen haben schon viele Menschen geschrieben, daß sie verstanden haben, was für eine individuelle Sache die Anwendung des eigenen Urins ist, und daß jede-r einen Weg für sich selbst finden kann. Anders als bei unseren pharmazeutischen Produkten, die x Tropfen oder Pillen über y Tage vorschreiben, ist es offenbar möglich, daß jede-r individuell lernen kann, Zeitpunkt, Dauer, Menge und Anwendungsweise für sich selbst herauszufinden. Manche Anwender-innen beschreiben, daß sie nur frischen Morgenurin benutzen. Andere arbeiten mit verseiftem (drei bis sieben Tage altem Urin aus offenen oder verkorkten Glasgefäßen) zum Einreiben, um ihre Haut vor Stichen, Verletzungen, Sonnenstrahlen zu schützen, Unreinheiten zu beseitigen oder den ganzen Körper zu pflegen. Manche trinken den frischen Urin nur manchmal, andere wieder regelmäßig. Einigen reichen ein paar Tröpfchen, andere leeren ganze Gläser. Die einen verwenden nur Morgenurin, andere wieder versorgen sich den ganzen Tag über.

Manche haben gelernt, an Farbe, Schwebstoffen, Geruch und Geschmack ihres Urins, den Zustand ihres Körpers abzulesen. Und wenn sich Schaum wie auf einem Bier bildet, wissen sie, daß Eiweiß im Urin ist. Dann nehmen sie einen besonders großen Schluck – nicht nur am Morgen, sondern auch über Tag. Dabei schreiben sie von verblüffenden Geschmacksveränderungen. Viele schildern ihr Erstaunen, wie sehr sich der Urin über den Tag verändert: von bitter-salzig am Morgen über köstliches Gemüsebrühe-Aroma bis total geschmacklos wie Wasser.

Ich könnte mir vorstellen, daß die hier vorliegenden Informationen Ihnen Anregungen geben können, einen eigenen Weg für sich zu finden. Das Wichtigste scheint zu sein, sich keinen Zwang anzutun oder antun zu lassen, sondern endlich wieder ganz in sich hineinzuspüren. Denn nur, wer nicht fühlen kann, muß messen. Und wenn Sie sich ekeln, dann nehmen Sie Ihren Ekel ernst, dann hat auch er eine wichtige Funktion für Sie.

Auf jeden Fall wünsche ich Ihnen ein Lesevergnügen mit diesem Buch und Coen van der Kroon viel Erfolg für die Sache. Ich bewundere, wie bescheiden und mutig er für die Urin-Therapie eintritt, um anderen zu helfen. Schließlich kostet es schon etwas, vor laufenden TV-Kameras den eigenen Urin öffentlich zu trinken. Mit diesem Akt vermag er – vielleicht für einige auf schockierende Weise – vieles anzustoßen. Und da der Urin neben dem Kot das Anstößigste zu sein scheint, was die Menschen unserer Kultur zu bieten haben, ist die Tapferkeit dieses Aktes nicht zu unterschätzen. Vielen scheint nämlich der Ekel vor sich selbst so im Wege zu stehen, daß er dann projiziert wird. Und diese Menschen gehen dann erstmal auf Abstand.

Doch offenkundig wächst die Zahl derjenigen, die ihren Urin als praktische Hausapotheke in der Blase begreifen, von Tag zu Tag.

Um aber die wundersamen Fähigkeiten des Urins in der Medizin, im Handwerk und in der Landwirtschaft genauer verstehen zu lernen, um verläßlich zu wissen, was wann warum hilft oder nicht hilft, dazu können Sie einen eigenen Beitrag für eine Aufklärungsarbeit im großen und seriösen Stil leisten, in dem Sie an den Verlag schreiben. Darauf freut sich Ihre

Carmen Thomas

Einleitung

Wir wußten es alle, und doch haben die meisten von uns vergessen, daß das Trinken von Urin gesund und stärkend ist. Neun Monate lang sind wir vor unserer Geburt in einer Flüssigkeit geschwommen und haben diese, die zum größten Teil aus unserem eigenen Urin bestand, getrunken. Wir nennen sie Fruchtwasser. Es ist das Wasser, in dem wir wachsen. Wir trinken es und „pullern" es wieder aus. Dann werden wir geboren und lernen im Laufe der Zeit, „es" ekelig zu finden.

Viele haben wieder damit begonnen, ihren Urin zu sich zu nehmen. Jeden Morgen trinke ich ein Glas mit frischem Morgenurin. „Weil es gesund ist", antworte ich auf die regelmäßig gestellte Frage: „Warum?". Viele Menschen denken zuerst, es sei ein schlechter Scherz. „Urin ist doch schrecklich giftig", so haben wir gelernt. „Wie kann etwas so Ekeliges denn gesund sein und sogar Krankheiten heilen?" Doch nicht alles, was wir gelernt haben, entspricht der Wahrheit.

Urin ist nicht giftig und nicht nur zum Weg-spülen in der Toilette gut. Ganz im Gegenteil, wir können unseren Harn ruhig trinken und in unsere Haut einmassieren. Es geht uns immer besser dadurch.

Das wirft natürlich Fragen auf. Warum ist unser Urin denn so gesund, und warum wirkt er bei den verschiedensten Krankheiten? Um die Fragen beantworten zu können, bleiben wir erst mal bei den Begriffen „Gesundheit" und „Heilung".

Die meisten Menschen denken bei Heilung daran, wie man so schnell wie möglich körperliche Beschwerden, Schmerzen oder Krankheiten los wird. Wir sind gesund, wenn die Erkältung durch den einen oder anderen Saft weggeht, die Kopfschmerzen durch ein Aspirin verschwinden und vielleicht auftretende Zahnschmerzen schon vorbeugend mit Tabletten bekämpft werden.

Bei unserer Gesundheit spielt aber nicht nur der Körper eine Rolle, sondern auch die Welt unserer Gefühle, der Gedanken und des Geistes. Wirkliche Gesundheit bedeutet, im physischen, emotionalen, mentalen und spirituellen Bereich im Gleichgewicht und in Harmonie zu sein. Dann kann die Lebensenergie ungehindert durch uns strömen. Wir können uns wohl fühlen und unseren Lebenshunger stillen. Doch wird in der wissenschaftlich orientierten Gesellschaft dieser essentielle Teil zu häufig übergangen.

In dem Buch *Urine-Therapy, It may Save Your Life* (Urin-Therapie, sie könnte Ihr Leben retten) von Dr. Beatrice Bartnett fand ich einen treffenden Vergleich: Nehmen Sie zum Beispiel eine Rose, so können Sie die leuchtende Farbe sehen, sich die vollkommene Form anschauen, die samtigen Blütenblätter fühlen und sogar den frischen und besonderen Duft riechen. Diese Rose ist voller Lebensenergie. Sie lebt, und das ist der Grund, warum sie so schön ist. Man kann sie natürlich auch in einzelne Teile reißen, in Blätter, Stiel und Dornen aufteilen oder in Moleküle und Atome zerlegen. Nur können wir dann nicht mehr die kräftigen Farben sehen und den angenehmen Duft riechen. Der Unterschied liegt in dem, was wir Leben nennen. Alles, was um uns ist, ist voll davon: Menschen, Tiere, Pflanzen und selbst Mineralien.

Auch Urin enthält Leben und ist eine Flüssigkeit voller Energie. Sicher ist er kein Wundermittel. Wie schon gesagt: Gesundheit ist abhängig von verschiedenen Faktoren, neben emotionaler und mentaler Hygiene auch von unserer Nahrung und unserer Umgebung. Doch hat sich die Urin-Therapie als ein hervorragendes und vielseitiges Heilmittel erwiesen. Sie reinigt und regeneriert den Körper und hat sogar eine belebende Wirkung auf die Stimmung und das Gemüt.

Wer die Urin-Therapie anwendet, hat immer seinen persönlichen Doktor und die eigene Medizin dabei. Kostenlos. Kein Wunder also, daß viele Menschen, die Urin verwenden oder damit arbeiten, ihn als „göttliches Geschenk" betrachten.

Kurzum, eine vielleicht noch ungewohnte, ja revolutionäre Therapie. Dabei ist sie wirklich nicht neu. Urin wird schon seit Tausenden von Jahren genutzt und ist nur etwas in Vergessenheit geraten. Doch das ändert sich gerade wieder.

Im Februar 1992 entdeckte ich in zwei der bekanntesten niederländischen Tageszeitungen Berichte über Untersuchungen an Yogis (heiligen Männern) aus Indien, die ihren eigenen Urin trinken. Sie tun es nach einer jahrtausendealten Tradition, die nun von Wissenschaftlern zu erforschen versucht wird. Ich war froh, auch von anderen Menschen, besonders von denen des wissenschaftlichen Lagers, etwas mehr darüber zu hören, nachdem ich mich vorher etwas einsam mit dem Wissen über die gute Wirkung von Urin gefühlt hatte.

In den Zeitungsartikeln wurden Untersuchungen über die Auswirkungen des streßvermindernden Hormons *Melatonin* beschrieben, das sich im Urin befindet. Beide Zeitungen bezogen sich auf einen Bericht des renommierten englischen Wochenblattes *The New Scientist*. Ein Zitat daraus: „*Gestreßt? Ein Glas Morgenurin scheint Wunder zu wirken. Zu trinken jeden Tag. Dieser Tip kommt nicht von einem Verrückten, sondern von den Wissenschaftlern M. Mills und T. Faunce der Universität in Newcastle, Australien.*"

Sofort nahm ich Kontakt mit der Zeitungsredaktion auf, die sehr daran interessiert war, ein Interview mit mir zu machen. Die Journalisten konnten sich nicht vorstellen, daß in einem Land, in dem gewöhnlich nicht mehr an Quacksalberei geglaubt wird, jemand seinen eigenen Urin trinkt und das schon vier Jahre lang. Der Zeitungsreporter war sichtlich erstaunt, als ich anhand von Büchern und meinen eigenen Erfahrungen belegen konnte, daß die Urin-Therapie keine Quacksalberei ist, nicht nur in fernen Ländern, sondern genauso in den USA und Europa angewandt wird, und daß sie deutlich positive Resultate bei der Behandlung verschiedener Beschwerden zeigt – von Warzen und Ekzemen bis Krebs und Aids.

Das Zeitungsinterview führte zu vielen Reaktionen in den Medien. Ich wurde von einigen Fernseh- und Radioanstalten eingeladen, meine Geschichte in

Kurzform zu erzählen. Ich sage extra „in Kurzform", da es viel mehr über das „Lebenswasser" zu berichten gibt, als in ein paar Minuten Sendezeit möglich ist. In Tageszeitungen und Monatsmagazinen konnte ich ausführlicher informieren.

Nach einigen Interviews bekam ich Anrufe von Menschen, die Fragen zu den Behandlungsmöglichkeiten hatten. Manche begannen direkt mit der Anwendung und meldeten gute Ergebnisse. Andere wollten wissen, wie sie die psychologische Barriere überwinden könnten, den Urin zu trinken, ohne starken Ekel davor zu haben. Wieder andere interessierte, warum ich selbst damit begann und woher die Urin-Therapie ursprünglich stammt.

So will ich mit meiner persönlichen Geschichte beginnen, wie ich mit Urin-Therapie in Berührung gekommen bin und was sich daraus entwickelt hat.

Wie für die meisten Menschen, die mit der Urin-Therapie arbeiten, gilt auch für mich, daß die ersten eigenen Erfahrungen die bedeutsamsten geworden sind. Danach folgte meine „Forschungsphase", in der ich durch die Erzählungen vieler anderer Betroffener, durch Bücher oder persönliche Gespräche von der wunderbaren Wirkung des Urins vollständig überzeugt wurde.

Auf viele Fragen hoffe ich, Antworten geben zu können. Ein Teil der Informationen basiert auf eigenen Erfahrungen, ein anderer auf Interviews oder Auszügen aus der Fachliteratur. Im besonderen in den Büchern *Urine-Therapy, It May Save Your Life* von Dr. Beatrice Bartnett und *Amaroli* von Dr. Shankardevan Saraswati (s. Literaturverzeichnis) sind viele praktische Aspekte der Urin-Therapie deutlich und klar beschrieben. Einige Teile aus diesen Büchern sind daher fast unverändert im vorliegenden Buch übernommen worden.

Die Urin-Therapie funktioniert, das steht fest. Doch, wie jede andere Therapie, sicher nicht für jeden gleich. Wie sie angewandt wird, ist in diesem Buch genau beschrieben. Es liegt nun an jedem selbst, sich durch eigenes Ausprobieren zu überzeugen. Für diejenigen, die ihr „Lebenswasser" schon trinken, und für die anderen, die sich nach dem Lesen dieses Buches entschließen, es zu tun: Prost! Und auf unsere Gesundheit!

Coen van der Kroon   *Amsterdam, 1994*

Einleitung

1. Meine Entdeckungsreise

Vor langer Zeit las ich in der amerikanischen Zeitschrift *Time* einen Artikel über einen indischen Politiker, der jeden Tag ein Glas seines eigenen Urins trinkt. Ich konnte mir das kaum vorstellen, und schon der Gedanke daran löste heftigen Widerstand bei mir aus. Jahre später sollte ich noch viel mehr über diesen Mann hören und lesen und auch über diese besondere Therapie: dem Trinken des eigenen Urins.

Dieser Mann ist der ehemalige Premierminister Indiens, Morarji Desai. Schon während seiner Amtszeit als Politiker hat er oft von der wunderbaren Therapie gesprochen, die ihn gesund und fit hält. Damals war er schon fast 90 Jahre alt. Morarji Desai ist inzwischen 99 Jahre. Bei meinem letzten Indienbesuch, zusammen mit Carmen Thomas im Frühjahr '94, konnte ich mich mit eigenen Augen davon überzeugen, wie relativ jung und gesund er noch heute aussieht. Noch immer trinkt er jeden Tag ein Glas Eigenurin, massiert und wäscht sich auch damit. Ein ungewöhnlicher Mensch aus der Zeitung hat buchstäblich Gestalt für mich angenommen und sich in eine vertraute Person verwandelt.

Auch ich bin zuerst in Indien konkret mit der Urin-Therapie in Kontakt gekommen. Das erste Buch, das ich darüber las, fand ich in der Bibliothek eines kleinen Klosters im Himalaya. Es hieß *The Water of Life* und wurde in den vierziger Jahren von dem Engländer John W. Armstrong geschrieben. In dem Buch wurde die faszinierende Geschichte beschrieben, wie man gesund wird durch das Trinken und Einmassieren von eigenem Urin und auch gesund bleibt, und wie Krankheiten, ob große oder kleine, mit dieser Methode geheilt werden. Ich war total begeistert, denn schließlich

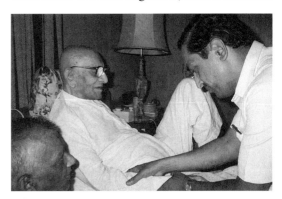

Der ehemalige Premierminister von Indien, Morarji Desai, erfreut sich, trotz seines hohen Alters von 99 Jahren, bester Gesundheit. Hier wird gerade sein Puls von einem befreundeten Urin-Therapeuten gemessen.

beschäftigte ich mich schon lange mit alternativen Heilmethoden. Doch neben meinem Enthusiasmus besaß ich noch eine gehörige Portion Skepsis.

Aber wie geriet dieses Buch denn eigentlich in meine Hände? Nun, am Anfang stand ein recht unangenehmes Erlebnis, durch das ich mit der Urin-Therapie in Kontakt kam. Hier nun meine Geschichte:

Vor vier Jahren, im März 1990, beschloß ich, für einige Monate nach Indien zu reisen. Ich hatte mein Studium abgeschlossen, und das Abenteuer lockte. Als erste Station meiner Reise wollte ich ein kleines Kloster am Fuße des Himalaya-Gebirges besuchen. Das Kloster, auch Ashram genannt, wurde in Haidakhan durch einen indischen Heiligen namens Babaji (sprich: Babadschi) erbaut. Es liegt so tief in den Bergen, daß man nach langer Busfahrt noch 15 Kilometer zu Fuß durch eine unwegsame Natur zurücklegen muß. Man bekommt dort das Gefühl, am Ende der Welt zu sein, obwohl das Kloster den Beinamen „das Zentrum der Welt" trägt.

Das tägliche Leben in diesem Ashram besteht hauptsächlich aus handfester Arbeit: Acker- und Gartenbau, baufällige Gebäude renovieren und schwere Steine aus dem Flußbett verarbeiten. Und das bei Temperaturen zwischen 30 und 40 Grad Celsius!

Schon am zweiten Tag meines Aufenthaltes dort passierte der schmerzhafte Zwischenfall, der mich zur Urin-Therapie führen sollte. Bei dem Bau einer Mauer wurde ein Haufen Steine an einem Strick nach oben gezogen. Dabei löste sich ein dicker Stein und fiel aus anderthalb Metern Höhe auf meinen linken Fuß. Meine Sandalen schützten die Zehen ganz gut, so daß nur ein Zeh verletzt wurde. Der aber dafür richtig! Das Fleisch und der Nagel meines mittleren Zehes waren bis auf den Knochen abgeschlagen. Ein Inder, der in der Nähe arbeitete, zögerte keinen Augenblick: Er riß ein Stück Stoff von seinem Hemd ab, um meinen Zeh zu verbinden und so das heftige Bluten zu stillen. Daß der Zeh sogar gebrochen war, stellte sich erst später heraus.

Der Tempel des Babaji-Ashrams in Haidakhan am Fuße des Himalayas.

Zurück im Kloster versorgte eine Krankenschwester aus dem klostereigenen Krankenhaus meine Wunde mit einer antiseptischen Salbe und legte einen neuen Verband an. Obwohl die Verletzung jeden Tag neu behandelt wurde, nahmen die Schmerzen zu, und die Wunde sah immer schlimmer aus. Man sagt, in tropischen Ländern solle man mit offenen Wunden vorsichtig sein, da sie schlecht heilen und Entzündungen schlimme Folgen haben können.

Nach einer Woche begann ich mir wirklich Sorgen zu machen. Die Situation verschlechterte sich immer weiter, und man eröffnete mir, daß der Zeh bald amputiert werden müsse.

Zufällig kam ich ins Gespräch mit einer Frau, die ebenfalls aus Holland stammte. Sie empfahl mir, ein Tuch mit meinem eigenen Urin zu tränken und um den Zeh zu wickeln. Meine erste Reaktion war natürlich abweisend: „Igitt, Urin ist doch ekelig! Wie kann der denn gut für eine Wunde sein?" Doch nach einigem Zögern sagte mir mein Gefühl, ich müßte es doch mal probieren. Schlechter könne es ja doch nicht mehr werden. Inzwischen erklärte mir die Frau mehr über die Behandlung mit Urin und besorgte mir auch das Buch *The Water of Life* aus der Klosterbibliothek.

Während ich am nächsten Tag das Buch las – um meinen Zeh ein Tuch gewickelt, das in Eigenurin getränkt war –, schwankte ich hin und her zwischen der Vorstellung, daß Urin doch ekelig sei, und den überzeugenden Geschichten des Buches.

In dem Buch wurde beschrieben, wie man durch Einmassieren und Trinken von eigenem Urin Wunden, körperliche Beschwerden und Krankheiten heilt. Ich konnte mir aber gar nicht vorstellen, Urin zu trinken, ohne mich dabei vor Abscheu zu schütteln. Doch wieder sagte eine leise Stimme in mir, daß es stimmte, was hier geschrieben stand. Gegen mein Gefühl protestierte allerdings auch mein akademisches Denken, das der ganzen Sache etwas skeptisch gegenüberstand. Auf jeden Fall fand ich alles so fesselnd, daß ich mir vornahm, mehr darüber in Erfahrung zu bringen und es auszuprobieren.

Die sichtbare Heilung meines Zehes überzeugte mich. Nach drei Tagen war die Wunde ohne Entzündung, die Schwellung weg und der Schmerz viel geringer geworden. Am vierten Tag kam eine frische, rosafarbene Haut unter dem Verband zum Vorschein. Noch ein paar Tage später war die Wunde zum größten Teil verheilt, und ein neuer Nagel begann zu wachsen. Es war deutlich zu sehen, daß hier etwas Besonderes passierte, denn normalerweise braucht eine so tiefe Wunde in einem tropischen Klima mindestens drei Wochen, um zuzuwachsen und zu heilen. Die eigene Erfahrung und die Geschichten aus dem Buch hatten mich innerhalb einer Woche „gewonnen". Ich war begeistert und wollte noch mehr über die Urin-Therapie wissen.

Damit begann eine Reise ins Unbekannte. Wie konnte ich mehr erfahren? Wer kannte diese Therapie in der westlichen Welt? Meine Untersuchungen in Universitätsbibliotheken brachten keine Erfolge. In dem Jahr nach meiner Rückkehr trank ich manchmal ein Glas Morgenurin, doch dachte ich oft: „Warum tue ich das nur? Gehe ich da vielleicht nicht zu weit mit dem Glauben an so verrückte Dinge?" Obendrein war ich zu dieser Zeit relativ gesund, konnte also keine Eigenexperimente mehr durchführen. Aber nach wie vor verwendete ich meinen Urin und fühlte mich auch fit und vital dabei. Erwischte mich mal eine Erkältung oder Grippe, fastete ich ein oder zwei Tage mit Urin und Wasser. Dann ging es mir schnell wieder besser. Trotzdem fragte ich mich, ob das ohne Urin nicht auch so gegangen wäre.

Ein Jahr später reiste ich durch die USA. Ein Freund von mir suchte in Los Angeles nach speziellen Büchern. Wir gingen also in einen Fachhandel für Spiritualität, Bewußtsein und alternative Heilweisen. Ich schnüffelte ein bißchen durch die Bücher, wartete aber mehr darauf, daß mein Freund endlich fertig war und wir gehen konnten. Etwas gelangweilt lief ich an den Bücherregalen entlang, als plötzlich mein Blick auf ein kleines blaues Buch mit dem Titel *The Miracles of Urine-Therapy* (Die Wunder der Urin-Therapie) fiel. Ich war perplex! Das war das Buch, das ich suchte, ohne von seiner Existenz zu wissen! Ein aktuelles Buch der Schweizerin Dr. Beatrice Barnett, die in Freiburg eine Ausbildung als Heilpraktikerin machte und in Amerika das *Water of Life Institut* gegründet hat. Das Buch enthielt praktische Informationen über die Urin-Therapie und Texte aus verschiedenen Kulturen und Religionen, die belegen, daß es diese Therapie sowohl im Fernen Osten als auch bei uns im Westen seit Urzeiten gibt. Durch diesen Fund war meine Amerikareise ein voller Erfolg geworden.

Zurück in Holland stürzte ich mich mit neuem Enthusiasmus in meine Nachforschungen über die Urin-Therapie. Ich nahm Kontakt mit dem *Water of Life Institut* in Amerika auf und bekam von dort interessante Informationen über den wissenschaftlichen Hintergrund der Urin-Therapie. Ich erfuhr, daß einzelne Stoffe aus dem Urin in kosmetischen Präparaten und in Medikamenten verarbeitet werden, ohne daß jemand davon etwas mitbekommt. Schnell entdeckte ich auch die erste Hautcreme, auf deren Verpackung angegeben stand, daß sie Urea enthält. Guter Gesprächsstoff, wenn ich jemandem über die Urin-Therapie erzählte und darüber, wo sich Stoffe des Urins wiederfinden, nach dem Motto: „Man gebrauchte ihn häufiger als man denkt!"

Kurze Zeit später traf ich einen Mann, der auch in den Niederlanden mit der Urin-Therapie beschäftigt war und sowohl hier als auch in tropischen Ländern ausgezeichnete Erfahrungen damit gemacht hatte. Um die vielen Fragen von Menschen beantworten zu können, die meine Geschichte hörten, beschloß ich, Vorträge darüber zu halten. Oft begannen Menschen aus dem Publikum, spontan ihre eigenen Erfahrungen mitzuteilen. Wieder ein Zeichen dafür, daß die Therapie längst nicht so unbekannt ist, wie ich anfänglich dachte. Viele wußten, daß Urin früher bei Frostbeulen und zum Desinfizieren von Wunden gebraucht wurde. Ein Mann aus Australien erzählte, daß die australischen

Ureinwohner dort ihren eigenen Urin trinken, wenn sie für längere Zeit durch die Wüste reisen. In Deutschland, so wurde mir berichtet, behandeln Heilpraktiker ihre Patienten mit Urin-Injektionen.

Für andere war die ganze Geschichte aber noch völlig neu. Und bei bald jedem, der zum ersten Mal von der Therapie mit Urin hört, kommt als erstes die Frage auf, ob er denn kein Abfallprodukt und darum schädlich zum Trinken sei?

Also: Urin ist nicht schlecht und auch nicht schädlich! Man kann ihn widerlich finden, aber das ist ein anderes Thema. Tatsächlich ist Urin eine reine, saubere Substanz. Er ist steril und besteht zum größten Teil aus Wasser – der Rest ist nichts weiter als eine Vielzahl verschiedener Mineralien, Hormone und Enzyme. Auch hierüber später mehr.

Es gefiel mir immer besser, anderen Menschen von dieser „schockierenden" Therapie zu erzählen und die verschiedensten Reaktionen zu erleben. Vom absoluten Ekel bis zur direkten Begeisterung war alles dabei. Manchmal waren Menschen von der Idee so angesteckt, daß sie direkt am nächsten Morgen mit dem Ausprobieren anfingen. Andere glaubten zwar an die gute Wirkung, konnten sich aber nicht überwinden, auch nur einen Schluck Urin in den Mund zu nehmen. Ungeachtet der verschiedenen Reaktionen gab das Gesprächsthema aber immer Anlaß, viel zu lachen und Freude zu haben, was doch auch schon sehr gesund ist!

Eines Tages stand in der Zeitung ein Artikel über eine Untersuchung an Yogis, die ihren eigenen Urin trinken. Als die Redaktion der Zeitung hörte, daß auch in den Niederlanden jemand lebt, der seinen Urin trinkt, veröffentlichte sie ein Interview mit mir. Das war der Beginn einer „Medien-Karriere". Radio, Zeitschriften und Fernsehsender stürzten sich auf das ungewöhnliche Thema. Ich selbst beschloß im März 1992, noch einmal nach Indien zu fahren, hauptsächlich um Menschen aufzusuchen, die mit der Urin-Therapie arbeiten. Einige Adressen, meistens unvollständig, waren die einzige Orientierungshilfe bei meiner Suche.

Nach einem Aufenthalt von einigen Wochen in Haidakhan reiste ich nach Neu-Delhi in der Hoffnung, in einem kleinen, mir schon bekannten Buchladen noch ein wenig Literatur über das Thema zu finden. Während ich mich durch einen Berg von Büchern wühlte, kramte der Besitzer zwei Bücher über die Urin-Therapie heraus. Ich war begeistert, wurde doch eines davon von jemandem aus Bombay veröffentlicht. Da ich dort sowieso schon eine Adresse kannte, war mir klar, daß mein Weg auf jeden Fall in diese Stadt führen mußte.

Auf meiner Reise nach Bombay machte ich eine Zwischenstation in Baroda. Indische Städte sind fast immer chaotisch und unübersichtlich – ein einziges Gewühl von Menschen, Tieren, Rikshas usw. Oft kennen die Einwohner nicht die Straßennamen der unzähligen Gassen und Wege, und das gilt selbst für die Riksha- und Taxifahrer. Es kostete mich zwei Tage angestrengter Suche und schweißtreibender Hin- und Herlauferei in Baroda, bis ich endlich die betreffende Adresse ausfindig gemacht hatte. Doch die Tür des gesuchten Hauses war verschlossen! Innerhalb weniger Sekunden fand ich mich von einer Gruppe neugieriger Menschen umringt, die sich fragten, was ich hier als westlicher Fremdling wohl zu schaffen hätte. Es entwickelte sich ein Gespräch mit dem „Straßenältesten" in sehr gebrochenem Englisch, dem ich entnahm, daß all meine Anstrengungen umsonst waren: Der Mann, der mir die besten Hinweise über die Urin-Therapie hätte geben können, war verreist, und ich konnte nicht herausbekommen, wann er wieder zurück sein würde.

Also beschloß ich, direkt weiter nach Bombay zu fahren, eine Tagesreise mit dem Zug. Dort hatte ich mehr Erfolg. Ich traf drei enthusiastische Urin-Therapeuten, unter anderem den Gründer und Vorsitzenden der *Water of Life Foundation* Indiens, Dr. G. K. Thakkar. Dieser war eigentlich Anwalt und Steuerberater; zumindest waren das seine ursprünglichen Berufe. Doch im Laufe der Zeit wuchs die Zahl der Menschen, die sich von ihm Hilfe in Sachen Urin-Therapie versprachen. Auf seiner Visitenkarte stehen als Berufe „Rechtsanwalt, Steuerberater und Urin-Therapeut", eine Kombination, die in Europa wohl eher unüblich ist.

Die Patienten empfängt Dr. Thakkar in seinem Büro, das in einer der hektischen und übervollen Straßen Bombays liegt. Am Ende des Tages kommen Menschen mit den verschiedensten Krankheiten zu ihm, von der Erkältung bis zum Krebs. Alle werden kostenlos von ihm behandelt, während er zwischendurch an komplizierten Steuerpapieren

arbeitet. Häufig hält er auf internationalen Konferenzen für natürliche Heilkunde Vorträge über die Urin-Therapie. Dr. Thakkar selbst litt zwanzig Jahre an Amöbenruhr und einem Ekzem, bis er vor sechs Jahren mit der Urin-Therapie in Berührung kam. Er spricht von der Urin-Therapie als von einem „Geschenk Gottes", so wie die meisten anderen indischen Urin-Therapeuten auch, mit

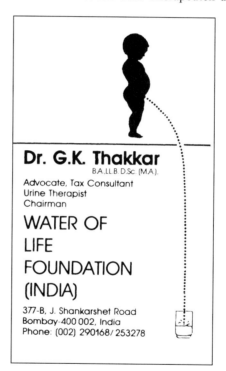

Visitenkarte von Dr. Thakkar.

Meine Entdeckungsreise

denen ich Kontakt hatte. Als ich Dr. Thakkar besuchte, lud er mich ein, bei seinen Sprechstunden zuzuschauen, was ich natürlich mit großem Interesse tat.

In derselben Gegend von Bombay fand ich einen Buchladen, in dem neben Büchern über Spiritualität und Yoga auch mehrere Bücher über die Urin-Therapie verkauft wurden. Immer mehr Informationen und Literatur über das Thema konnte ich so zusammentragen, und zusammen mit allen Zeitungsausschnitten und Adressen der indischen Urin-Therapeuten hatte ich bald das Wichtigste zu diesem Thema gesammelt. Also eine erfolgreiche Expedition, unterstützt noch durch die Tatsache, daß ich ohne Pillen oder Impfungen nach Indien gereist bin und keine nennenswerten Gesundheitsprobleme hatte. Zufrieden und begeistert von den Entdeckungen meiner Reise beendete ich das zweite Indien-Abenteuer und kehrte in die Niederlande zurück.

In den Wochen nach der Heimreise hatte ich weitere Erfolgserlebnisse. Ich hörte von Freunden, daß mein Haar voller wurde und die kahle Stelle an meinem Hinterkopf wieder zugewachsen war. Selber hatte ich das noch gar nicht bemerkt, erkannte dann aber, daß mein Experiment geglückt war: Von Beginn meiner Zeit in Indien an massierte ich täglich meinen eigenen, etwa vier Tage alten Urin in die Kopfhaut ein. Diese Prozedur hielt ich ziemlich konsequent sechs Wochen lang durch. Ich war gespannt, ob es irgendwelche Effekte haben würde, obwohl ich selber nicht daran glaubte. Die guten Resultate der Kur stärkten aber mein Vertrauen in die regenerierende Wirkung von Urin. Seitdem massiere ich meine Kopfhaut fast jeden Morgen mit frischem Harn (weil der weniger stark riecht als älterer). Mein Haar sieht jetzt sehr gesund aus. Shampoos und andere Haarpflegeprodukte sind für mich auf diese Weise überflüssig geworden.

Im Sommer 1992 gab ich weitere Interviews für Zeitungen, Radio- und Fernsehsender. Immer mehr Menschen baten mich um Ratschläge zur Behandlung mit Urin. Andere riefen mich an, um mir ihre persönlichen Erfahrungen mitzuteilen. Die WDR-Redakteurin Carmen Thomas erzählte mir, daß sie vor sechs Jahren eine ihrer „Hallo-Ü-Wagen"-Sendungen über das Tabu-Thema Urin gemacht habe. Das Echo auf diese Hörfunk-Ausstrahlung vom „Seck-Turm" in Bad Münstereifel (der bis 1877 als Urin-Sammelstelle diente) sei so groß und so nachhaltig gewesen, daß die Journalistin 1993 ein Buch veröffentlichte mit dem Titel *Ein ganz besonderer Saft – Urin*. Sie dokumentiert darin die Geschichte ihrer Sendung, die Sendung in der Eifel selbst und eine Auswahl der vielen Hörerzuschriften – Reaktionen, Tips und Erfahrungen der unterschiedlichsten Menschen zu diesem Thema. Diesem persönlichen Einstieg stellt Carmen Thomas eine Fülle medizinischer, historischer und kulturgeschichtlicher Würdigungen des Urins aus fachkompetenter Feder zur Seite. Ein ganz besonderes Verdienst des Buches ist es, Aspekte der Urin-Therapie einem breiten Publikum in Deutschland nähergebracht zu haben.

Später schrieb ich vielen indischen Urin-Therapeuten, um ihre persönlichen Geschichten zu erfahren und auf ihre Erfahrungen mit der Urin-Therapie zurückgreifen zu können. Ich bekam von beinahe jedem eine Antwort, meistens sehr interessante und einzigartige Briefe. Einige davon habe ich übersetzt und mit in dieses Buch aufgenommen. Aus den Briefen erfuhr ich auch, daß in Indien die erste gesamt-indische Konferenz über Urin-Therapie organisiert wurde: die *First All India Conference On Urine Therapy*.

Spontan beschloß ich, an dieser Konferenz teilzunehmen. Sie sollte in Goa stattfinden, einem Gebiet an der Küste Indiens mit wunderschönen Palmenstränden. Kein schlechter Platz also für solch eine Veranstaltung! Ich kaufte mein Flugticket, ohne eine Ahnung zu haben, wie groß oder wie professionell das Geschehen werden sollte und von woher die Teilnehmer kommen würden; telefonische Auskünfte darüber in Indien zu bekommen, war eben nicht so einfach für mich.

Im Februar 1993 landete ich also wieder in Indien und reiste nach Goa an den Ort der Konferenz, einen prachtvollen Tempelkomplex inmitten einer exotischen Landschaft. An die 200 Inder waren gekommen, Ärzte darunter und Urin-Therapeuten, manche von ihnen schon seit über 20 Jahren mit dieser Therapieform beschäftigt. Patienten waren dort, die mit Urin behandelt wurden oder immer noch werden, und Besucher, die einfach nur mehr über die Urin-Therapie wissen wollten. Außerdem kamen eine Handvoll Gäste aus dem Westen, von denen ich ein Ehepaar aus Amerika zufällig kannte. Vor zwei Jahren lernte ich die beiden in Amerika kennen, ohne daß ich ihr Interesse an der Urin-Therapie bemerkte. Der Mann arbeitet als Chiropraktiker (Behandlung von Wirbelsäulen-

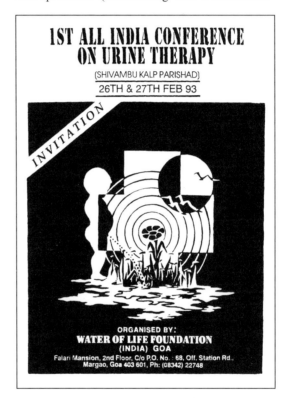

Die Einladung für die Shivambu Kalpa (Urin-Therapie-)Konferenz in Goa, Indien.

Meine Entdeckungsreise

schäden) und erzählte mir sehr interessante Ergebnisse einer wissenschaftlichen Forschung über *Urea* (neben Wasser ein Hauptbestandteil des Urins), die er selbst durchgeführt hatte. Davon aber später mehr.

Der Hauptschwerpunkt der Konferenz in Goa lag bei den Erfahrungen, die Menschen mit der Anwendung von Urin bei sich selbst oder bei der Behandlung anderer gemacht hatten. Dort wurde deutlich, daß es viel zuwenig dokumentiertes Material über die Thematik der Urin-Therapie gab und eine wissenschaftlich orientierte Herangehensweise für die Zukunft wünschenswert wäre.

Aber es wurden auch kritische Fragen gestellt. Wie effektiv die Urin-Therapie wirklich sei und wie sie in Veröffentlichungen dargestellt würde. Bisher waren die Bücher zu dem Thema meist vollgestopft mit Geschichten von sogenannten „Wunderheilungen". Doch wie sieht es mit den Fällen aus, bei denen die Urin-Therapie nicht funktioniert? Schließlich können wir doch auch viel lernen, wenn etwas nicht klappt und wir herausfinden, warum es nicht zum Erfolg führt.

Ich finde es sehr wichtig, daß weiter am Thema Urin-Therapie gearbeitet wird. Auch wenn ich selbst von der guten Wirkung des Urins überzeugt bin und beeindruckende Ergebnisse durch seine Anwendung gesehen habe, ist es notwendig, Personen, die noch keine Erfahrungen damit haben, einen ehrlichen und umfassenden Überblick zu geben. Und das gilt besonders für uns Menschen in einer modernen, wissenschaftlich orientierten Gesellschaft. Erst müssen wir über eine Sache Bescheid wissen, bevor wir uns ans Ausprobieren wagen.

Die ersten Ansätze dazu gab es auf der Konferenz in Goa. Man plant nun ein jährliches Treffen auf internationaler Ebene. In der Zwischenzeit werde ich weiter Werbung für die Urin-Therapie machen. Ich habe es mittlerweile zu meiner Lebensaufgabe gemacht, mich mit ganzem Herzen für diese Therapie einzusetzen.

Dieses Buch ist mein Beitrag dazu. Ich schreibe, was ich in den vergangenen Jahren gelernt habe, von den Informationen, die ich von Experten bekam, von Büchern und Artikeln, die ich gelesen und studiert habe, und nicht zuletzt von meinen eigenen Erfahrungen und den Geschichten der Menschen, die, motiviert durch meine Erlebnisse, anfingen, mit der Urin-Therapie zu experimentieren.

Anmerkung

Einige Teile dieses Kapitels sind dem Buch *Urine-Therapy, It May Save Your Life* von Dr. Beatrice Bartnett entnommen.

2. Die „Wunderwelt" der Urin-Therapie

Die Urin-Therapie ist eine sehr alte Form der Heilkunde, die ohne zusätzliche Heilmittel wirkt. Sie ist so einfach, daß sie jederzeit und an jedem Ort angewandt werden kann. Und, ganz nebenbei: Jeder kann sich diese Medizin verabreichen. Wir produzieren sie nämlich selber.

Urin wurde in praktisch allen Zivilisationen und Kulturen als Heilmittel verwendet. Früher war die Heilwirkung allgemein bekannt und anerkannt. Später verschwanden Urinbehandlungen mehr und mehr aus der Öffentlichkeit, obwohl es immer Menschen gegeben hat, die sie anwandten, ohne jedoch groß darüber zu reden.

Oft wird der Urin „Wasser des Lebens" genannt oder einfacher nur „Lebenselixier". Im Fernen Osten spricht man von „Shivambu Kalpa" oder „Amaroli". In einigen östlichen Religionen wird der Urin als ein Mittel zum geistigen Wachstum gesehen oder sogar als etwas, das ewiges Leben gibt.

In Europa war es der Engländer John W. Armstrong, der einen wichtigen Anstoß für die Urin-Therapie in diesem Jahrhundert gab. Armstrong selbst litt an Tuberkulose, die er durch Urin heilte, obwohl die Ärzte seinen Fall als hoffnungslos bezeichneten. Nach seiner Genesung begann er, andere Menschen zu beraten und ihnen zu helfen. Hunderte Patienten behandelte er mit großem Erfolg, viele davon mit sogenannten „unheilbaren" Krankheiten wie Tuberkulose oder Krebs. Die Behandlungsergebnisse wurden von Armstrong schriftlich festgehalten und in dem Buch *The Water of Life* herausgegeben, einem Standardwerk für die Anwendung der Urin-Therapie sowohl im Westen wie auch in Indien.

Neuerdings besteht auch von wissenschaftlicher Seite Interesse an den Ergebnissen der Urin-Behandlung. Ein Beispiel ist die in der Einleitung schon genannte Untersuchung an Yogis, die ihren eigenen Urin trinken und dadurch eine Verbesserung ihrer Meditation erreichen. Seit kurzem untersucht die pharmazeutische Industrie die einzelnen Inhaltsstoffe des Harns etwas genauer. Viele dieser Stoffe werden schon als Medikament gebraucht, zum Beispiel *Urokinase*, ein Mittel gegen die Verengung der Blutgefäße. Es ist ein Enzym mit starker Heilkraft, das sich selbst die Stellen im Körper sucht, die Genesung nötig haben.

In Indien versuchen gegenwärtig einige Mediziner, die Urin-Therapie in die normale medizinische Praxis einzufügen. Sie erlebt dort einen sichtbaren Aufschwung, seit der ehemalige Premierminister Morarji Desai in der Öffentlichkeit für die Urin-Therapie Reklame machte. Danach ist die

Anzahl der Urin-Therapeuten stark gestiegen und es kam zu der ersten Konferenz Anfang des Jahres 1993 in Goa.

Das Trinken von Urin ist aber nicht nur in Indien bekannt, sondern auch in der westlichen Welt. So schwört die englische Schauspielerin Sarah Miles auf ihr tägliches Glas Urin als Schönheits- und Gesundheitsmittel. Urin als ausgezeichnetes Pflegemittel für die Haut schätzten schon die alten Ägypter, und sogar ihre Pharaonen benutzten es. Die kosmetische Industrie ist sich ebenfalls der guten Wirkung von Urin bewußt – Grund genug, daß in vielen Hautcremes Urea enthalten ist. Selbst bekannten Zahnpastasorten wird Urea beigemischt.

Das Trinken des eigenen Urins ist auch bekannt als ein Rettungsmittel, um in Notsituationen zu überleben. Nach Erdbeben und Überflutungen verfault Trinkwasser oft durch Bakterien, was ernste Krankheiten auslösen und sogar den Tod als Folge haben kann. Hierbei kann das Trinken von Urin, der von Natur aus steril ist, eine sichere und gesunde Art sein, um nach einer Katastrophe zu überleben. Manche Menschen argumentieren damit, daß man das verunreinigte Wasser lieber filtern oder desinfizieren solle. Tatsache ist aber, daß Katastrophengebiete meistens nur schwer zu erreichen und zu versorgen sind.

Der Vorteil des Urins ist es, immer und überall vorrätig zu sein. Für einen Schiffbrüchigen kann das Trinken des eigenen Urins eine lebensrettende Möglichkeit sein, nicht zu verdursten. Dabei sollte er aber nicht warten, bis der Körper schon beinahe ausgetrocknet ist.

Viele Soldaten haben mit Eigenurin-Behandlungen lange Perioden in der Wildnis oder in Gefangenenlagern überlebt. Soldaten der Fremdenlegion bekommen heute noch den Befehl, sich völlig mit Urin einzureiben, um die Widerstandskräfte gegen Krankheiten zu stärken. Diese Anwendung war auch schon den Soldaten im Zweiten Weltkrieg bekannt. Heute noch füllen manche Soldaten ihre Lederstiefel mit Urin, um so Blasen oder wunden Füßen vorzubeugen.

Bei Wassermangel ist Urin eine gute Alternative. Es deckt nicht nur den Flüssigkeitsbedarf, sondern hält Menschen tatsächlich gesund. Vor nicht allzulanger Zeit erschütterte ein Erdbeben in Ägypten die Hauptstadt Kairo. Dort wurde nach drei Tagen noch ein Überlebender aus einer Ruine geborgen. Der Mann hatte sein Leben mehr oder weniger durch das Trinken des eigenen Urins gerettet, war aber trotzdem (oder gerade deshalb?) in einer ausgesprochen guten Verfassung. Ich hörte auch die Geschichte eines Mannes, der sich in einer eingestürzten Mine eine Woche lang nur mit Urin am Leben hielt. Als er nach einer Rettungsaktion ans Tageslicht kam, sah er äußerst gesund aus.

Während des „Neun-Tage-Krieges" in Jordanien wurde das *Red Crescent* (das arabische *Rote Kreuz*) mit einer großen Gesundheitskatastrophe in Amman konfrontiert. In einer Radio-Sendung appellierte das *Red Crescent* an die Bevölkerung: *„Eure Kinder kommen um vor Durst. Wir können*

Das englische Magazin *Woman's Journal* beauftragte eine Mitarbeiterin, die britische Schauspielerin Sarah Miles zu interviewen. Oh nein, doch nicht die Urintrinkerin? Doch, genau die! Aber vielleicht ist das ja doch ein sehr spannendes Gesprächsthema. Nur, wie bringe ich die Sprache auf dieses brisante Thema? Insbesondere, wenn die Miles von Beginn an fragt, ob diesmal ausnahmsweise nicht über ihre Vergangenheit gesprochen werden müsse. Ein völlig verständlicher Wunsch. Also kein Wort über die erregenden Nacktszenen; die Fotos mit Kris Kristofferson für den *Playboy*; kein Gespräch über die Freundin, die von Miles' Dach gesprungen ist; dem Freund, der sich unter den Gashahn legte; dem Manager, der sie geschlagen hat und in ihrem Badezimmer umkam; über ihre Verzweiflung und wie sie sich deshalb als Einsiedlerin in eine Blockhütte in Kalifornien verschanzte. Kein Wort also über ihre Vergangenheit.

Außer einem kleinen Thema vielleicht. Trinkt sie wirklich ihren eigenen Urin? Ja, tatsächlich! Allerdings spricht sie nicht viel darüber. Unverzeihlicherweise hat Robert Mitchum es verraten (sowas tut ein echter Mann doch nicht!). Doch die Miles redet nicht drumherum. Auch wenn sie es lieber hätte, daß die Pressemoskitos mit ihr über etwas anderes sprechen würden. Doch worum es jetzt eigentlich geht, ist, daß dein eigener Urin dich gegen Allergien schützt, daß er gut für dich ist und man ihn sogar gratis kriegt. Und solange deine Nieren nicht mit Alkohol, Zigaretten, chemischen Substanzen und diesen Geschichten verschmutzt sind, ist der Urin ein gesundes, steriles Produkt mit magischen Kräften. Das Dumme daran ist nur, daß die meisten Menschen das nicht begreifen wollen und auf Abstand gehen. Aber gut, das ist dann deren Problem. Sarah Miles hat jedenfalls kein Problem damit.

Übersetzung eines Artikels der niederländischen Tageszeitung Het Parool *vom 6. Mai 1992. Auch die Schauspielerin Sarah Miles trinkt jeden Tag ihren eigenen Urin.*

nicht anders helfen, als Euch mitzuteilen, daß Ihr das Leben Eurer Kinder retten könnt, indem Ihr ihnen ihren Urin zu trinken gebt."

In der Wildnis kann Urin ebenfalls von großem Nutzen sein. Der eigene Urin, oder, bei Schockzuständen, der Urin von jemand anderem, wirkt bei Schlangenbissen als ausgezeichnetes Gegengift. Kürzlich rief mich ein Mann aus Surinam an, der sich an eine alte Volksweisheit erinnerte, in der Urin bei Schlangenbissen als Gegenmittel empfohlen wird. In unseren Breitengraden verwendet man allerdings Urin eher bei Bienen- oder Wespenstichen. Auch bei Hautirritationen, verursacht durch Insekten, durch Quallen oder durch giftige Pflanzen, kann sich Urin als sehr hilfreich erweisen.

Der Urin kann in vielen Situationen sogar Leben retten. Seine Anwendung hilft bei Ohren- und Augenentzündungen, Hautbeschwerden und Halsschmerzen bis hin zu rheumatischen Erscheinungen, Herzproblemen, Lepra, Tuberkulose und Krebs. Inzwischen wurde auch die Wirkung von Urin bei der Behandlung von Aids-Symptomen erkannt. Menschen, die mit der Urin-Therapie arbeiten, gehen davon aus, daß sie jede Krankheit, mit Ausnahme von sehr ernsten Verletzungen oder strukturellen Veränderungen, heilen kann.

Aber wie ist das möglich? In diesem Buch werden die Hintergründe dazu geliefert.

Wahrscheinlich waren Sie selbst etwas erstaunt, als Sie zum ersten Mal von der Urin-Therapie hörten. Das ist nicht außergewöhnlich, schließlich ist die Anwendung schon ein wenig aus der Mode gekommen. Doch noch immer treffe ich Menschen, die schon mal von der Verwendung des Urins gehört haben. Oft wußten die Großmutter oder ältere Verwandte Bescheid über die Behandlung von Frostbeulen an Händen und Füßen. Oder darüber, wie früher die Bauerstöchter am Sonntag erst in den Pferdestall gingen, sich dort die Hände mit Pferde-Urin wuschen und auf diese Weise schöne und saubere Hände bekamen, bevor sie in die Kirche gingen.

Wenn ich über die Urin-Therapie erzähle, lachen anfänglich viele, weil sie so primitiv scheint oder als reine Quacksalberei abgetan wird. Nur wenige wagen den Schritt und probieren sie aus. Zum Glück sind aber immer mehr Menschen offen für natürliche Heilweisen oder einfach nur müde vom ständigen Arzt- und Krankenhausbesuch oder dem dauernden Pillenschlucken. Trotz einer anfänglich skeptischen Haltung findet mit der Urin-Anwendung in vielen Fällen ein deutlicher Rückgang der Beschwerden statt, manchmal sogar innerhalb weniger Tage.

Natürlich spricht man nicht so ohne weiteres über eigene Erfahrungen mit der Urin-Therapie. Man fürchtet, ausgelacht oder nicht ernst genommen zu werden. Und die Angst ist verständlich. Als Kommentar auf mein Interview in einer Tageszeitung über die Urin-Therapie nannte ein Urologe diese Anwendung einen „primitiven Glauben aus dem Mittelalter". Er gab aber zu, daß ihm keine genaueren Informationen darüber bekannt seien.

Ein Grund mehr also für die wissenschaftliche Untersuchung der heilenden Wirkung des Urins.

Ein Vorurteil, mit dem viele Mediziner zuerst argumentieren, ist, daß Urin giftig sein soll, und es keinen Nutzen haben könne, ihn einzunehmen. Mehr noch, daß es sogar lebensgefährlich sei, bestimmte Stoffe durch den Urin aufzunehmen. Sicher ist Ihnen selbst schon die Frage durch den Kopf gegangen, ob Urin nicht schmutzig oder giftig sei. Eine verständliche Frage! Denn so haben wir es doch bis jetzt immer gelernt. Und warum sollte es gut sein, etwas wieder einzunehmen, was der Körper doch ausgeschieden hat?

Wäre aber der Urin tatsächlich giftig, so würde ich, und mit mir viele andere Menschen ebenfalls, nicht mehr am Leben sein.

Urin besteht zu 95% aus Wasser. Die übrigen 5% bestehen ungefähr zur Hälfte aus Urea und zum anderen Teil aus u. a. Mineralien, Salzen, Hormonen und Enzymen. Allein Urea, der Harnstoff, von dem Urin seinen Namen hat, kann, in großen Mengen im Blut anwesend, giftig sein. Beim Trinken von Urin ist das aber nicht der Fall. Die kleine Menge Urea reinigt einfach nur den Körper, löst überflüssigen Schleim und hat noch mehr spezielle und sehr nützliche Wirkungen, die in diesem Buch besprochen werden. Urin ist steril (auf jeden Fall direkt nach der Ausscheidung) und wirkt antiseptisch.

Wir sprechen hier über den Urin eines Menschen, der sich gesund ernährt, keine chemischen Medikamente einnimmt und keine Drogen gebraucht. Die Methode der Urin-Therapie basiert auf dem Prinzip der natürlichen Kreisläufe. Solange man nicht mit synthetischen Mitteln in den natürlichen Kreislauf des Körpers eingreift, produziert dieser einen Urin, der in jeder Hinsicht gesund zum Einnehmen ist. Nimmt man aber viele chemische Stoffe zu sich – und die können heutzutage in allen möglichen Nahrungsmitteln sein –, findet sich ein Teil davon auch im Urin wieder. In so einem Fall ist die Zusammensetzung des Harns selbstverständlich auch verändert. Doch im Prinzip ist er eine gesunde Flüssigkeit, die keine schädlichen Stoffe enthält.

Die vorurteilsbeladenen Aussagen vieler Mediziner, die sich auf den Urin einer gesund lebenden Person beziehen, sind also nicht richtig. Eigentlich sollte man doch als Wissenschaftler auf dieses Thema auch wissenschaftlich reagieren können. Also anstelle von: Es liegt nicht in wissenschaftlichem Interesse, WEIL es noch keine ausreichenden Untersuchungen gibt, sollte es heißen: Gerade DARUM ist es wissenschaftlich von großem Interesse. Eben weil die Wirkung von Urin kaum erforscht ist, aber immer wieder Menschen bezeugen, daß es sie gibt. Und die, die von der heilenden Wirkung überzeugt sind, stützen sich immerhin auf die Erfahrungen bei der Behandlung von sich selbst oder von jemand anderem.

Oft sind eigene Erlebnisse die Ausgangspunkte für die besten Untersuchungen. Im Kapitel 6 werde ich auf solche persönlichen Erfahrungen zurückkommen.

Die „Wunderwelt" der Urin-Therapie

Verschiedene Initiativen bemühen sich, bestärkt durch die vielen positiven Ergebnisse der Urin-Therapie, die medizinische Welt durch Untersuchungen von der Funktion dieses Heilverfahrens zu überzeugen. Die Teilnehmerliste der Konferenz in Goa zeigte, daß schon jetzt immer mehr Ärzte daran interessiert sind. Im Kapitel 5 beschäftige ich mich übrigens eingehend mit dieser Frage und kann dort aktuelle wissenschaftliche Informationen geben.

Doch was passiert bei der Urin-Therapie denn genau? Einfach gesagt: Urin reinigt durch Einnehmen oder Einmassieren das Blut und das gesamte Körpergewebe, verschafft brauchbare Nährstoffe und gibt dem Körper Informationen, ob und wo etwas aus dem Gleichgewicht geraten ist. Die Wirkung bei sehr intensiver Anwendung, dem Fasten ausschließlich mit Urin und Wasser, wird von John W. Armstrong in seinem Buch *The Water of Life* wie folgt beschrieben:

„Nimmt man Urin in den Körper ein, wird dieser gefiltert; er wird reiner und reiner, allein schon, wenn man ihn im Laufe des ersten Tages immer wieder trinkt, entweder mit oder ohne Wasser gemischt. Zuerst reinigt er und löst dann alle Blockaden auf. Schließlich regeneriert er die Organe und das Gewebe, die durch die Krankheiten gelitten haben."

Armstrong verwendet zahlreiche Vergleiche aus der Natur, um die Funktion von Urin zu beschreiben. Die Natur weiß, wie sie für sich selbst sorgen muß. Wir alle können viel von ihr lernen. Um im Gleichgewicht zu bleiben, gebraucht sie ein ökologisch und ökonomisch perfektes System. In diesem natürlichen Recyclingsystem entsteht kein Abfall. Man denke zum Beispiel an einen Baum, der im Herbst seine Blätter fallen läßt – die Blätter fallen

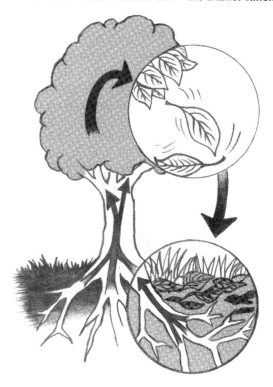

Ein natürlicher Kreislauf: Die Blätter des Baumes fallen ab, werden zu Humus und dienen so dem Baum als Nahrung.

auf den Boden, vergehen und werden zu gehaltvoller Erde. Im Frühling nährt sich der Baum aus dieser Substanz. Versuche haben gezeigt, daß Bäume, bei denen man das Laub liegen läßt und nicht wegfegt, in der folgenden Saison eine größere und bessere Ernte bringen.

Ein anderes Vorbild ist der Kreislauf des Wassers. Dasselbe Wasser, das unter dem Einfluß der Sonne verdampft, bildet sich zu Wolken, um nach einiger Zeit als Regen oder Schnee wieder auf den Boden zu fallen. Dort reinigt es die Erde und dient als Nahrungsmittel, bis es sich sammelt und schließlich wieder verdampft.

So ein Kreislauf besteht auch in uns selbst. Unser Blut hat z. B. seinen eigenen Kreislauf. Das Herz pumpt es durch den ganzen Körper. Die wichtigste Aufgabe unseres Blutes ist es, Sauerstoff und Nährstoffe in jede Zelle unseres Körpers zu bringen. Auf seiner Reise fließt es unter anderem durch die Leber und die Nieren. Ich möchte hier vereinfacht die Funktion dieser für die Urin-Therapie bedeutenden Organe erklären.

Eine der wichtigsten Aufgaben der Leber ist das Entgiften des Blutes. Die Leber holt Giftstoffe aus dem Blut, bewahrt sie oder scheidet sie in die Gallenblase aus. Passiert das letztere, gelangen die Giftstoffe in Form von Gallenflüssigkeit in den Darmkanal. Von da aus verlassen sie den Körper mit dem Stuhlgang. Nachdem das Blut durch die Leber entgiftet ist, strömt es in die Nieren. Die wichtigste Funktion der Nieren ist die Herstellung des Gleichgewichtes zwischen allen im Blut vorhandenen Stoffen. Die Nieren filtern alle Stoffe heraus, die zuviel im Blut sind, wie z. B. Mineralien, Hormone, Wasser usw. Diese Substanzen ergeben dann nichts anderes als den Urin. Ein Beispiel: Der Körper kann nur eine bestimmte Menge Vitamin C aufnehmen. Alles, was sich zuviel an Vitamin C in der Blutbahn befindet, ist in diesem

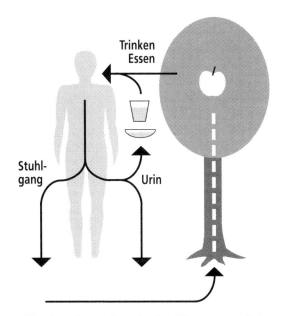

Alles besteht aus Kreisläufen. Was wir ausscheiden, wird auf die eine oder andere Weise wieder aufgenommen. Urin-Therapie ist nichts anderes als eine gesundheitsfördernde Variante dieses Kreislaufsystems.

Moment unbrauchbar und würde beim Weitertransport im Körper zuviel Energie verbrauchen. Darum filtert der Körper mit Hilfe der Nieren diese überschüssige Menge aus.

Um Energie zu sparen und das Blut in Balance zu halten, werden auch ungenutzte Enzyme durch die Nieren aus dem Blut gefiltert. Das gleiche gilt für Hormone, Mineralien und andere Substanzen. Darum ist es verständlich, warum der Urin voll mit lebenskräftigen Elementen ist und wir diese Stoffe nicht Abfall nennen können.

Was sich trotzdem noch an schädlichen Stoffen im Urin befindet, ist meistens die Folge von ungesundem Essen und Trinken. Damit sind Produkte gemeint mit chemischen Zutaten, Strahlenbehandlungen, Alkohol, Nikotin, Koffein oder unlösbaren Fetten. Wie schon gesagt, es ist empfehlenswert, eine gesunde und schadstofffreie Diät zu befolgen, wenn man die Urin-Therapie anwendet. So bleibt der Urin auch gesund und giftfrei. Denn es befindet sich nichts darin, was nicht auch vorher schon konsumiert wurde.

Es kann natürlich sein, daß der Körper im Krankheitsverlauf selber Giftstoffe produziert. Kommen diese Stoffe – oder ein Teil davon – in den Urin, kann die Einnahme eine homöo- bzw. isopathische Wirkung haben, d. h. Gleiches wird mit Gleichem geheilt. (Bei Impfungen handelt es sich um ein ähnliches Prinzip, wobei aber die Impfstoffe körperfremd sind und die Dosis verhältnismäßig hoch ist.) Die „Giftstoffe" im Urin sind nicht körperfremd und spielen eine wichtige Rolle bei der Herstellung des natürlichen Gleichgewichts. Es geht nur um winzige Mengen dieser Substanzen, außer bei Entzündungen an Nieren, Blase oder Harnleiter. In diesen Fällen ist mehr Vorsicht geboten. Es empfiehlt sich dann, nur einige Tropfen Eigenharn auf oder unter der Zunge oder mittels einer homöopathischen Verdünnung einzunehmen. Über die praktische Anwendung können Sie alles ausführlich in Kapitel 4 nachlesen.

Die Leber entgiftet also das Blut und scheidet die Abfallstoffe in den Darmkanal aus. Die Nieren gleichen den Mineral-, Hormon-, Vitamin- und Wasserhaushalt des Blutes aus.

Urin ist demnach nichts anderes als gefiltertes Blut. Frischer Urin beinhaltet fast die gleichen Substanzen und Elemente, die in der Blutbahn bei jedem von uns enthalten sind. Was jetzt Ihr Urin ist, war einige Minuten davor noch ein Teil von Ihrem Blut, ein Teil von Ihnen selbst.

Eine wissenschaftliche Studie aus Amerika (siehe Kapitel 5, Anm. 2) weist etwa 200 Stoffe aus, die sich im normalen Urin befinden. Und dabei wird ausdrücklich darauf hingewiesen, daß dieses nur eine Liste der interessantesten Inhaltsstoffe sei. Ein Zitat:

„Man hat herausgefunden, daß Urin aus tausenden Substanzen besteht, und mit der Entwicklung immer genauerer und sensiblerer analytischer Meßinstrumente ist es so gut wie sicher, daß man noch weitere Substanzen im Urin entdecken wird."

Dr. John Herman, ein Urologe aus New York, erklärte, daß alle Stoffe, die man im Urin antrifft, auf die eine oder andere Art wertvoll für den menschlichen Stoffwechsel seien. Von ihm stammt übrigens auch die Aussage, daß nichts im Urin zu finden sei, was nicht vorher schon in der Nahrung steckte.

Es sind Untersuchungen über die mögliche Heilkraft einzelner Bestandteile des Urins gemacht worden. Sowohl die kosmetische wie auch die pharmazeutische Industrie gebrauchen einige dieser Stoffe. Ein gutes Beispiel dafür sind Hormonpräparate, gewonnen aus dem Harn schwangerer Frauen, die unter dem Motto „Mütter für Mütter" an Frauen verabreicht werden, die Schwierigkeiten haben, schwanger zu werden. Ein Nebenprodukt des gleichen Urins wird bei Schlankheitskuren eingenommen. In einem Wochenblatt stand kürzlich ein Artikel über Königin Beatrix der Niederlande, die sich regelmäßig ein Hormonpräparat aus dem Urin schwangerer Frauen injizieren läßt, um so „sichtbar schlanker" zu werden. Zu den vielen medizinischen und wissenschaftlichen Fakten rund um den Urin, mehr in Kapitel 5.

In Kapitel 3 gehe ich auf die jahrtausendealte Geschichte der Urin-Therapie ein. Alt bedeutet aber darum nicht weniger interessant. Im Gegenteil,

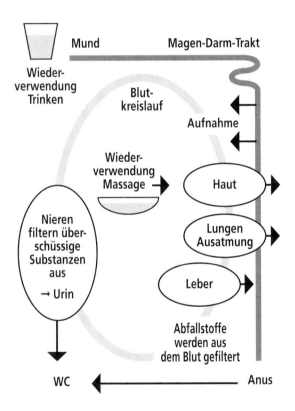

◄ *Eine schematische und vereinfachte Darstellung des Ausscheidungsvorgangs im Körper: Leber, Lungen und Haut verarbeiten die Abfallstoffe; die Nieren filtern überzählige Stoffe und halten so das Blut im Gleichgewicht. Durch die Wiederaufnahme der überschüssigen Stoffe (Wasser mit Mineralien, Enzymen, Vitaminen usw.) beim Trinken oder Massieren mit unserem Urin können wir den natürlichen Kreislauf erweitern und die positive Wirkung nutzen.*

Die „Wunderwelt" der Urin-Therapie

viele der alten Ratschläge und Hinweise stammen aus wissenschaftlich orientierten Schriften und gründen auf eine tiefe Kenntnis der Erde und der Natur des menschlichen Körpers, des Geistes und der Seele. Es werden sowohl westliche wie auch östliche Traditionen besprochen. Textfragmente, die teilweise 5000 Jahre alt sind, belegen die Geschichte der Urin-Therapie.

Zum Abschluß dieses Kapitels: Die Urin-Therapie basiert auf dem Bestehen natürlicher Kreisläufe. Der eine Zyklus bewegt sich vielleicht schneller als der andere, doch besteht in dieser Welt nichts ohne dieses System. Wenn wir der Natur freien Lauf lassen würden, gäbe es keine Abfälle, und ein gestörtes Gleichgewicht käme immer wieder in die Balance. So wie wir Menschen imstande sind, das natürliche Gleichgewicht zu zerstören, so können wir der Natur helfen, wieder in Harmonie zu kommen! Wir sind, was unsere Gesundheit betrifft, mit einer natürlichen Hausapotheke ausgestattet. Unser eigener Urin verschafft uns jederzeit die Möglichkeit, auf vollkommen sichere und einfache Weise von den Kräften in den Naturkreisläufen Gebrauch zu machen.

Urin – ein Wundermittel? Die Antwort darauf liegt bei uns selbst. In diesen zwei einführenden Kapiteln habe ich hoffentlich einen ersten Einblick in die Welt dieser besonderen Flüssigkeit verschaffen können. Mit den folgenden drei Kapiteln will ich praktisch erklären, daß die Urin-Therapie meiner Meinung nach zu Recht eine „Wunderwelt" genannt werden kann.

3. Die Entwicklung der Urin-Therapie

Die Urin-Therapie ist die primitivste, ursprünglichste und einfachste Form der Homöo- bzw. Isopathie, die es gibt. Sie wird manchmal als „die Mutter der ayurvedischen Heilkunde" bezeichnet. *Ayurveda* ist eine sehr alte, aber noch immer angewandte Form der Naturheilkunde. Früher nur im Herkunftsland Indien praktiziert, wächst die Zahl der Behandlungen beständig, auch hier im Westen. In Indien wurden rund 5000 Jahre alte Schriften gefunden, die bis ins Detail die Anwendung der Urin-Therapie beschreiben (s. auch Kapitel 7).

Doch ist die Urin-Therapie nicht nur in den östlichen Traditionen bekannt. Man findet sie fast überall in irgendeiner Form wieder. In vielen Kulturen, die eine starke Naturverbundenheit haben, wird der Urin heute noch verwendet. Vor kurzem hörte ich eine Geschichte eines Indianers aus Nordamerika, der die Urin-Therapie schon sein Leben lang angewendet hatte. Von seinen Eltern und Großeltern hatte er gelernt, wie man sich regelmäßig körperlich und geistig mit Hilfe seines Eigenurins reinigt. Auch Eskimos verwenden ihn noch bis zum heutigen Tag als Heilmittel. Viele ihrer Frauen waschen sich stets ihre Haare damit. Davon wird es kräftiger und bekommt einen schönen Glanz. Und so existieren noch viele weitere, interessante Geschichten.

3.1 Die Entwicklung im Westen

Der Gebrauch von Urin in der europäischen Tradition geht weit zurück in die Vergangenheit. Es gibt Berichte griechischer Ärzte, die Urin zum Heilen von Wunden verwendeten. Der römische Schriftsteller C. Plinius Secundus schreibt im 28. Buch seines Werkes *Naturalis Historia* (Geschichte der Natur) über Urinbehandlungen bei Wunden, Hunde- und Schlangenbissen, Hautanomalien, Augenentzündungen, Verbrennungen und Narben.

Urin wurde in Rom vor 2000 Jahren für ganz alltägliche Dinge gebraucht, unter anderem zum Waschen von Textilien. An vielen Straßenecken standen große Tongefäße für die „kleinen Geschäfte" der Öffentlichkeit. Diese Behälter wurden dann eingesammelt und in die Wäschereien gebracht. Im Römischen Reich war Urin so wichtig, daß Kaiser Vespasianus Steuern verlangte für jeden Tropfen, der auf diese Weise aufgefangen wurde. Urin verwendete man damals auch zum Färben von Stoffen und Leder. Es war eine völlig normale Handelsware. Aus dieser Zeit stammt der Spruch „pecunia non olet", besser bekannt als „Geld stinkt nicht".

Bei den keltischen Druiden gebrauchte man Urin wieder ganz anders. Die Druiden veranstalteten regelmäßig ein Ritual, bei dem sie in Trance gerieten. Sie benutzten dazu bestimmte Pilze, sogenannte „Magic Mushrooms", deren Einnahme der Bewußtseinserweiterung diente. Da diese Pilze, neben den halluzinogenen, auch giftige Stoffe enthielten, die nicht eingenommen werden sollten – zum einen wegen der Reinheit des Rituals, zum anderen, weil die Leber der Menschen ab einem gewissen Lebensalter das Gift nicht mehr vertragen kann – wandte man folgende Methode an: Man ließ die Pilze von gesunden, jungen Männern essen, deren Leber kräftig genug waren, die unerwünschten Giftstoffe zu filtern. Die Halluzinogene blieben im Blut und wurden nach einiger Zeit durch den Urin ausgeschieden. Diese Stoffe waren selber nicht giftig, so daß die älteren Druiden, durch das Trinken des besonderen Elixiers, dann auf sichere Weise eine Reise in andere Bewußtseinsebenen unternehmen konnten.

Urin hat in früherer Zeit eine besondere Rolle in der Alchemie gespielt. In meist geheimen Lehren von christlich-esoterischen Bewegungen wie den Rosenkreuzern oder den Freimaurern, wurde der Urin als Heilmittel empfohlen. Auch heute noch verwendet man ihn für die Herstellung von Medizin auf alchemistischer Basis. Ein Vertreter dieser Richtung ist der in den Niederlanden bekannte Heilpraktiker und Alchemist Jelle Veeman, der häufig auf die wichtigen Eigenschaften von Urin verweist.

Ein Zahnarzt aus Paris pries im 18. Jahrhundert Urin als hervorragendes Mundwasser an. Zur selben Zeit verwendeten deutsche und französische Ärzte den Urin von Kühen zur Behandlung von Gelbsucht, Rheuma, Ischias, Gicht, Asthma und Wasser im Körper.

Es existieren aus damaliger Zeit noch schriftliche Hinweise über den Urin als Arznei. Ein gewisser Johann Heinrich Zedler beschreibt im *Großen Vollständigen Universallexikon* von 1747:

„Im Menschen- wie im Tierharn sind nützliche Dinge . . . Menschenurin hat kräftigende und heilsame Eigenschaften bei vielen Gebrechen: Gegen Haarausfall z. B. hilft eine Mischung aus Kartoffel- und Schwefelpulver, verrührt mit wohltemperiertem, altem Urin. Mit dieser Mischung bestreiche man den Kopf, und der Haarausfall wird gebremst (eine Kälbergalle kann noch dazu kommen).

Verletzungen im Auge heilt man am besten mit Honig, den man in schwach siedendem Knabenurin löst. Damit bade man die Augen so oft wie möglich.

Gegen Halsentzündungen jeglicher Schwere hilft es, mit Menschenurin zu gurgeln, dem eine Prise Safran beigefügt wurde.

Gegen Zittern der Hände und der Knie helfen Abreibungen und Waschungen mit dem eigenen Harn; den man warm verreibt, sobald man ihn gelassen hat.

Gegen beginnende Wassersucht soll über län-

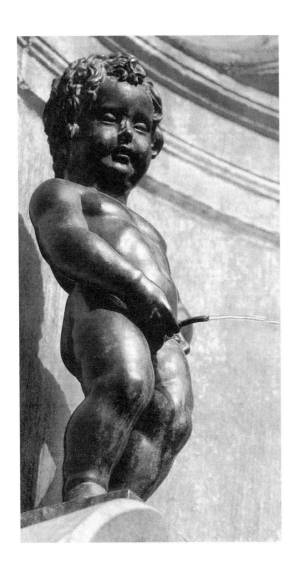

◀ *Die goldene Fontäne von „Manneken Pis".*

gere Zeit der eigene Morgenurin auf nüchternen Magen getrunken werden. Das gleiche Verfahren hilft auch gegen Gelbsucht."

John W. Armstrong zitiert in seinem Buch *The Water of Life* aus einer Schrift mit dem Titel *„One Thousand Notable Things"* (Eintausend Bemerkenswerte Sachen), ein Werk, das in England, Schottland und Irland gegen Ende des 18. Jahrhunderts erschien:

„Ein universelles und ausgezeichnetes Mittel gegen allerlei Beschwerden, sowohl innere als auch äußere: Trinke Dein eigenes Wasser morgens neun Tage hintereinander, und es heilt Skorbut und macht den Körper leicht und fröhlich.

Es wirkt hervorragend gegen Wassersucht und Gelbsucht, trinkt man es so, wie zuvor angegeben.

Wasche Deine Ohren mit warmem Urin und es ist gut gegen Taubheit, Ohrensausen und die meisten anderen Beschwerden der Ohren.

Wasche Deine Augen mit Deinem eigenen Wasser, und es heilt schmerzende Augen und schärft und stärkt das Sehvermögen.

Wasche und massiere Deine Hände damit, und es nimmt Risse, Schmerzen und die Steifigkeit der Glieder hinweg und macht die Gelenke geschmeidig.

Wasche jede grüne Wunde (Gangrän) damit, und es ist ein außergewöhnlich gutes Mittel.

Wasche jede juckende Stelle damit, und es nimmt das Jucken weg.

Wasche Deinen Hintern damit, und es ist gut bei Hämorrhoiden und anderen schmerzlichen Beschwerden."

Die Beispiele in diesem Zitat zeigen, wie vielseitig der Gebrauch von Urin war und noch immer ist: Von der Behandlung des Juckreizes bis zu tödlichen Krankheiten, wie *Gangrän* (Brand oder Wundbrand). Andere interessante Hinweise über den Nutzen und die Eigenschaften von Urin findet man in dem alten Buch *Salmon's English Physician*, das im Jahre 1695 veröffentlicht wurde. Hier folgt die Übersetzung der Zitate, ebenfalls aus John W. Armstrongs Buch:

„Urin kann man vom Menschen oder von den meisten vierbeinigen Tieren verwerten; vornehmlich der Erstgenannte wird in der Physik und Chemie gebraucht. Er ist ein Serum oder der wässrige Teil des Blutes, der beim Übergang von den Schlagadern in die anderen Adern abgeschieden und durch Fermentierung der einzelnen Teile in Urin umgesetzt wird ... Männer- und Frauenurin ist heiß, trocken, auflösend, reinigend, losbrechend und beständig gegen Verwesung; innerlich wird er angewendet gegen Störungen der Leber, Milz und Galle, wie auch gegen Wassersucht, Gelbsucht, Menstruationsbeschwerden der Frauen, die Pest und alle Arten bösartigen Fiebers.

Äußerlich angewendet reinigt er die Haut und macht sie durch das Waschen mit Urin geschmeidig, besonders wenn er warm oder frisch ist. Er ist reinigend, heilend und austrocknend bei Wunden, auch wenn sie durch giftige Waffen verursacht wurden. Heilt Schuppen und Krätze, und aufgetragen am Puls, kühlt er die Hitze von Fieber. Ist ausgezeichnet gegen Zittern, Taubheit und Lähmung. Im Bereich der Milz aufgetragen, lindert Urin dort Schmerzen. Die guten Eigenschaften der flüchtigen Salze des Urins – sie absorbieren auf kraftvolle Weise Säuren und zerstören so die größte Ursache der meisten Krankheiten im menschlichen Körper. Er öffnet alle Blockaden in den ... Adern, ... der Gebärmutter, reinigt die gesamte Menge an Blut und Feuchtigkeit, heilt ... rheumatische und schwermütige Krankheiten und wirkt mit wunderbaren Ergebnissen bei Epilepsie, Schwindel, Hirnbluten, spasmatischen Anfällen, Apathie, Migräne, Lähmung, Taubheit, dem Verlust der Beweglichkeit der Gliedmaßen, Atrophie, Anfällen schwangerer Frauen und den meisten kalten und feuchten Krankheiten des Kopfes, des Gehirns, der Nerven, Gelenke und der Gebärmutter. (Weißfluß sollte dieser Liste beigefügt werden.)

Er öffnet Blockaden der Blutbahnen und Harnwege, löst versteinernde Verklumpungen in diesen Gebieten und bricht und spült Steine und Staub heraus.

Er ist ein spezielles Mittel bei schmerzhafter Harnentleerung, beim Unvermögen, die Blase zu entleeren und bei anderen Blockaden des Urins ebenfalls."

Auch dieses Zitat verdeutlicht, wie umfassend das Anwendungsgebiet von Urin ist. Fast jede Krankheit wird besprochen. Der Autor beschreibt außerdem relativ genau, was Urin ist: nämlich ein Teil des Blutes.

Armstrong erwähnt auch den um die Jahrhundertwende erschienenen Artikel eines gewissen Professors Jean Rostand, der auf die biologische Bedeutung der Hormone eingeht, die in hoher Anzahl im menschlichen Urin zu finden sind. Ein Auszug daraus:

„Eine neugewonnene Erkenntnis über die Aktivität der Hormone hat die Forschung auf einen revolutionären Stand gebracht – die meisten Hormone werden nämlich durch die Nieren herausgefiltert und dann mit dem Urin ausgeschieden. Eine Vielzahl von Hormonen der Hypophyse, der Nebennieren und der Geschlechtsdrüsen wurden im normalen Urin gefunden . . . Die Entdeckung der Hormon-Urinologie hat weitreichende Folgen. Urin beschafft eine praktisch unbegrenzte Menge von Basisstoffen . . . Aus therapeutischer Sicht kann man sich vorstellen, daß der Gebrauch dieser Hormone möglicherweise eine enorm starke Wirkung auf den menschlichen Organismus hat."

Dieser Professor war seiner Zeit scheinbar weit voraus, denn die wissenschaftliche Suche nach diesen Hormonen ist erst kürzlich richtig in Gang gekommen. Auf die hormonelle Wirkung der Urin-Therapie komme ich aber später noch einmal ausführlicher zurück.

Ein anderer Gelehrter, der Arzt Dr. T. Wilson Deachman, schrieb Anfang dieses Jahrhunderts lobend über Urin-Therapie. Er stellte sich den inhaltsreichen Urin, zusammen mit der Intelligenz des Körpers, als selbstheilenden Organismus vor. Seine Standeskollegen zeigten jedoch kein Interesse an seinen Ausführungen. Nachfolgend ein Zitat des Mediziners:

„Da angesichts des pathologischen Zustandes des Patienten die Zusammensetzung des Urins variiert, kann der Gebrauch davon für Krankheiten jeglicher Form verschrieben werden, ausgenommen derjenigen, die durch Traumata verursacht wurden (gebrochene Gliedmaßen) oder derjenigen, die mechanischer Art sind. Es sichert den Doktor davor, Fehler zu machen bei der Auswahl eines passenden Mittels zwischen dreitausend und mehr möglichen Medikamenten . . . Was nicht durch die eigenen Kräfte des Körpers geheilt werden kann, kann auch nicht durch Kräfte außerhalb des Körpers geheilt werden."

Ein anderer Text, den Armstrong in seinem Buch veröffentlicht hat, stammt aus dem Bericht *Doctors, Disease and Health* (Ärzte, Krankheit und Gesundheit) von Cyril Scott über einen gewissen Herrn Baxter, der für kurze Zeit auch von Armstrong behandelt wurde:

„Mr. Baxter, der ein ansehnlich hohes Alter erreichte, erklärte, daß er sich selbst durch Auftragen seines eigenen Urins in Form von Kompressen und durch Trinken des puren Urins von

einem Krebsgeschwür heilte. Weiterhin erklärte er, auf diese einfache Weise auch andere Beschwerden geheilt zu haben. Mr. Baxter behauptete, daß Urin das beste Antiseptikum sei, das es gibt. Er hat seit dieser Entdeckung die Angewohnheit entwickelt, täglich drei Becher voll mit Urin zu trinken, um Krankheiten vorzubeugen. Er bekräftigte, daß der auf diese Art wieder eingenommene Urin stets reiner wird. Er gebrauchte es für seine Augen als ‚Stärkungslotion' und nach dem Rasieren für das Gesicht. Er empfahl die äußerliche Anwendung bei Wunden, Schwellungen, Geschwüren usw."

Obwohl Armstrong sich durch diese Aussagen der Gelehrten bestätigt fühlen konnte, wußte er aber auch von der Macht der medizinischen Welt, die eine vollkommen andere Vorstellung von Gesundheit hatte. Er blieb trotz allem überzeugt und begeistert von der Urin-Therapie, nicht zuletzt wegen seiner eigenen Erfahrungen, besonders der Heilung seiner für unheilbar erklärten Tuberkulose. John W. Armstrong begann mit der Urin-Therapie nach einer langen Leidenszeit, während der keiner der konsultierten Ärzte fähig war, seine Beschwerden zu lindern. Im Gegenteil, sein Zustand verschlechterte sich nur. In dieser Situation brauchte es zwei Anstöße, mit der Urin-Therapie zu beginnen. Einer davon war ein schlichtes Bibelzitat, das ihn zum Nachdenken brachte. In *Sprüche 5, Vers 15* heißt es: *„Trinke Wasser aus deiner Zisterne und was quillt aus deinem Brunnen."*

Später erinnerte er sich daran, daß seine Mutter ihm in seiner Jugendzeit Urin auf das durch einen Bienenstich aufgeschwollene Gesicht aufgetragen hatte, und daran, daß sein Großvater Tiere mit Urin behandelte.

Armstrong überläßt es jedem selbst, die Bibelzitate so zu interpretieren, wie er es getan hat. Für ihn waren sie der ausschlaggebende Impuls zu seiner 45tägigen Fastenkur mit Wasser und Urin. Während der Fastenkur massierte er seinen gesamten Körper mit Urin, wobei er merkte, daß dadurch das eigentliche Fasten viel einfacher und angenehmer war.

Inspiriert wurde er auch hier wieder durch ein Bibelzitat, *Matthäus 6, Vers 17*, in dem es heißt: *„Wenn du aber fastest, so salbe dein Haupt und wasche dein Gesicht . . ."*

Zu den Bibelzitaten möchte ich noch folgendes anmerken: John W. Armstrong wurde durch sie zwar inspiriert, was aber nicht bedeutet, daß die entsprechenden Verse sich wirklich auf eine Urin-Behandlung beziehen. Der Textzusammenhang deutet nicht auf die Urin-Therapie hin. In einigen Büchern wird das dennoch suggeriert. Ich teile diese Meinung nicht, wobei ich nicht ausschließen möchte, daß andere Stellen in der Bibel zu finden sind, die wohl auf den Gebrauch von Harn als „Lebenswasser" hinweisen. Um nicht in Spekulationen zu verfallen, will ich aber auf diese Fragen nicht weiter eingehen.

Armstrong behandelte nach seiner eigenen erfolgreichen Therapie Hunderte von Menschen und beriet sie über die Heilwirkung von Urin. Nach etlichen Jahren schrieb er dann, auf ausdrücklichen Wunsch seiner Patienten, *The Water of Life*, das Buch über seine bis dahin gesammelten Kenntnisse und Erfahrungen. Dieses Buch ist und bleibt eine Inspiration für jeden, der sich mit der Urin-Therapie beschäftigt, ob im Westen oder im Osten.

Es war dem Mediziner Armstrong wohl bewußt, daß seine Botschaft nicht mit den üblichen wissenschaftlichen Dogmen des 20. Jahrhunderts übereinstimmte. Das mag ein Grund dafür gewesen sein, daß sich, trotz der Erfolge mit der Urin-Therapie, nie genügend andere Mediziner fanden, die sich mit diesem Thema beschäftigten.

Und doch wurden in Europa immer wieder Versuche gemacht, Behandlungen mit Urin auf ein wissenschaftliches Niveau zu heben. Seit dem Einsatz von hypodermischen Nadeln und Injektionsspritzen wird Harn auch injiziert. Zuerst benutzte man diese Methode in Europa, dann auch in den USA, wie in *The Physiological Memoirs of Surgeon-General Hammond, U.S. Army* beschrieben ist. In diesen 1863 erschienenen Memoiren eines Chirurgen wird auf die Urin-Injektionen verwiesen. Heute gibt es nur noch wenige Ärzte, die diese Technik in ihrer Praxis anwenden. Einige Heilpraktiker in Deutschland verwenden die Urin-Spritzen noch regelmäßig und beschreiben sie als ein gutes Heilmittel bei der Behandlung von Krankheiten, die mit Allergien zusammenhängen. Im Mai 1993 wurde bei dem Fernsehsender *RTL plus* in der Magazinsendung *stern-TV* eine Reportage über die Urin-Therapie gesendet. Dabei wurde u. a. gezeigt, wie sich eine Frau, die unter Diabetes litt, vorsorglich Urin injizierte.

Zu Beginn dieses Jahrhunderts wuchs das medizinische Interesse am Urin und seinen Inhaltsstoffen. Man experimentierte mit Harn-Injektionen und erzielte dabei sehr gute Resultate.

Der deutsche Arzt Dr. Kurt Herz begeisterte sich für diese Methode und schrieb 1930 ein Buch mit dem Titel *Die Eigenharnbehandlung*. Obwohl Wissenschaftler und Kliniken zunächst interessiert reagierten, verlor die Urin-Therapie später an Bedeutung, nicht zuletzt durch die damaligen politischen Veränderungen in Deutschland und die Einschränkungen der Wissenschaft.

Einige Ärzte arbeiteten jedoch weiter mit der Urin-Therapie. So auch Dr. Martin Krebs, der in den 40er Jahren zusammen mit anderen deutschen Ärzten, Kinder, die an Masern oder Pocken erkrankt waren, mit Urin-Klistieren behandelte. Bei denjenigen, die auf diese Art behandelt wurden, entwickelte sich ein günstigerer Krankheitsverlauf. Über die Anwendung und die Ergebnisse der Urin-Therapie (hauptsächlich bei Kindern) schrieb Krebs ein Buch mit dem Titel *Der menschliche Harn als Heilmittel*.

Der ebenfalls aus Deutschland stammende Arzt Dr. Edam empfahl 1965 die Urin-Therapie als ganz effektive Behandlung der morgendlichen Übelkeit während der Schwangerschaft. Er riet den Universitäts-Kliniken, anstelle des vielfachen Gebrauchs von Arzneien, lieber diese Methode auszuprobieren. Laut Dr. Edam wurden keine Nebenwirkungen festgestellt. Er hoffte, daß sich noch mehr Mediziner mit dieser Therapie auseinandersetzen würden.

Nach und nach wurde damit begonnen, die Effektivität der einzelnen Inhaltsstoffe des Urins zu untersuchen. Über den Bestandteil Urea sind Hunderte von Untersuchungsberichten erschienen. Die Bedeutsamkeit dieses Wirkstoffes in der Urin-Therapie wird im Kapitel 5 noch genauer beschrieben.

Hier zwei Beispiele von Ergebnissen wissenschaftlicher Suche nach Substanzen im Harn, die eine heilende Wirkung bei der Behandlung von Krebs haben können:

In den 60er Jahren isolierte der Nobelpreisträger Albert Szent Gyorgi (er entdeckte auch das Vitamin C) eine Substanz namens *3-Methyl-Glyoxal* aus dem Urin. Später wurde nachgewiesen, daß dieser Stoff vernichtend auf Krebszellen wirkt.

Ein gewisser Dr. S. Burzynski isolierte den Teil eines *Peptides*, genannt *Antineoplaston*, aus dem menschlichen Urin. Es wurde bekannt, daß diese Substanz Krebszellen selektiert und deren Weiterbildung einschränkt, ohne das Wachstum der normalen Zellen zu beeinträchtigen.

Es sind noch weitere Substanzen im Urin entdeckt worden, die eine Anti-Krebs-Wirkung haben. In Kapitel 5 werde ich näher auf diese Stoffe eingehen.

Kürzlich entdeckte man, daß Föten ihr Fruchtwasser gebrauchen, um die eigenen Lungen zu entwickeln. Sie „atmen" die Flüssigkeit buchstäblich in die Lungen ein. Anders könnten die Lungen gar nicht heranwachsen. Der wichtigste Stoff des Fruchtwassers ist der Urin des Fötus. Nach Operationen, die in der Gebärmutter durchgeführt wurden, konnten später keine Narben mehr gefunden werden. Das Fruchtwasser bzw. der Harn, in dem der Fötus schwimmt, sorgt in der Gebärmutter für die perfekte Heilung jeder Wunde.

Daher ist uns allen die Urin-Therapie schon bekannt: Als wir uns noch im Bauch der Mutter befanden, tranken wir mindestens einen halben Liter Eigenurin pro Tag.

Trotz all dieser Tatsachen ist die medizinische Welt bisher noch nicht dazu übergegangen, Urin als Gesamtprodukt zu untersuchen. Aber der pharmazeutischen und kosmetischen Industrie ist der kommerzielle Wert des Urins und seiner Wirkstoffe sehr wohl bekannt. Das US-Unternehmen *Enzymes of America* entwickelte spezielle Filter, die Proteine aus männlichem Urin auffangen. Der Urin wird in transportierbaren Toiletten, die der Tochterfirma *Porta-John* gehören, bei großen Konzerten, Festen usw. gesammelt.

Urin enthält kleinste Mengen Proteine, die durch den Körper produziert werden. Einige davon sind medizinisch sehr wichtig, wie z. B. Wachstumshormone oder Insulin. Es besteht ein Markt mit einem Umsatz von 500 Millionen Dollar pro Jahr für diese Substanzen, die normalerweise nur durch höchst komplizierte und kostspielige Methoden, wie z. B. das Klonen von Zellen, hergestellt werden können. Die erwähnte Firma ist im Begriff, das erste wichtige Produkt, Urokinase, auf den Markt zu bringen. Urokinase ist ein Enzym, das Blutgerinnsel auflöst und unter anderem zur Behandlung bei Herzanfällen verwandt wird. Das Unternehmen hat Verträge mit einigen großen pharmazeutischen Firmen geschlossen, dieses Enzym zu liefern.

Das Verfahren wird so schon länger in China angewendet. In der Weltstadt Shanghai wird Urin aus vielen öffentlichen Toiletten in großen Becken aufgefangen. Dieser Urin wird anschließend durch die Stadtverwaltung an pharmazeutische Betriebe verkauft, die daraus unter anderem auch Urokinase gewinnen. Es wird exportiert und auf der ganzen Welt als Arznei verkauft, was der chinesischen Wirtschaft im Jahr etwa zwei Millionen DM Gewinn bringt.

Vor einiger Zeit erfuhr ich, daß an einem umfassenden Medikament gearbeitet wird, das auf Urin basiert. Es handelt sich um eine Eiweißverbindung, die die Eigenschaft hat, verschiedene Wirkstoffe an sich zu binden. In den Harn gegeben, zieht es dort die wirksamen Stoffe heraus. Wieder ein Beweis, daß Wissenschaftler sehr wohl über die wertvollen Stoffe im Urin Bescheid wissen.

Die Geschichte der Urin-Therapie in der westlichen Welt beschränkt sich glücklicherweise nicht auf den wissenschaftlichen Gebrauch besonderer Substanzen des Urins. Immer mehr Berichte von Menschen gibt es, die die Urin-Therapie auf inzwischen be-

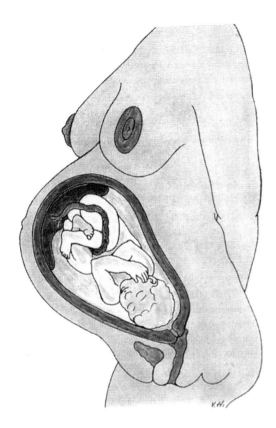

Urin-Therapie, schon bevor wir geboren werden? Ein Fötus schwimmt im Fruchtwasser, das wesentlich aus Urin besteht. Jeden Tag nimmt der Fötus einen Teil davon auf und scheidet ihn später wieder aus. Ein natürlicher Kreislauf, der beim Aufbau der Organe des Körpers hilft.

Die Entwicklung der Urin-Therapie

kannte, einfache Art angewandt haben oder noch anwenden. Das Buch von Carmen Thomas zum Beispiel ist voll mit solchen persönlichen Erfahrungen. Man erkennt aber auch, daß das ganze Thema noch als Tabu behandelt wird, da viele Briefeschreiber ihre Erlebnisse anonym veröffentlicht sehen wollen.

Im Jahre 1991 gab es eine umfassend überarbeitete Neuausgabe des 1930 erstmals erschienenen Buches von Dr. Kurt Herz. In dem Werk *Die Eigenharnbehandlung: nach Dr. med. Kurt Herz;*

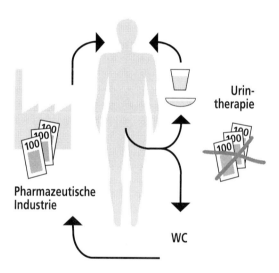

Eigenurin-Therapie und die pharmazeutische Industrie: Zwei unterschiedliche Kreisläufe.

Erfahrungen und Beobachtungen beschreibt der Herausgeber Dr. med. Johann Abele die verschiedenen Aspekte der Urin-Therapie und besonders die Harn-Injektion. Abele erkannte, daß es keinen wissenschaftlichen Beweis für die Wirksamkeit der Urin-Therapie gab. Doch empfiehlt er mit den letzten Sätzen seines Buches der medizinischen Welt ernsthaft, von dieser Therapie Gebrauch zu machen:

„*Angesichts der Tatsache, daß vor dem 2. Weltkrieg, in einer Zeit mangelnder Prosperität, der A-U-Therapie (= Eigenharntherapie) ein breiter Beobachtungsspielraum zugewiesen wurde und von namhaften Forschern erstaunliche Erfolgsmeldungen beigebracht werden konnten, wundert es den unvoreingenommenen Beobachter, daß nach 1945 diese Therapieform – wie übrigens viele rein empirische Naturheilverfahren – von der Bildfläche der öffentlichen Forschung und Diskussion verschwunden ist und nur in der Hand weniger Außenseiter ein Dornröschendasein fristet.*

In einer Zeit, in der die reinen Naturwissenschaften und die Mathematik in Bereiche vorgestoßen sind, in der sich Wissenschaft und Glauben – einst erbitterte Gegner – begegnen können, kann man sich nicht leisten, eine so interessante Volksheilmethode mit der Bemerkung abzutun, es handele sich um ein Überbleibsel der magischen Dreckapotheke unterentwickelter Völker; wissenschaftlich sei bei ihr noch nichts Faßbares entdeckt worden, also auch nichts zu entdecken. Eine unwirksame Therapieform überdauert im Bewußtsein der Völker nicht Jahrhunderte! Die immer wieder erstaunlichen Erfolge, welche der Therapeut, der sich gelegentlich mit der Eigenharnmethode befaßt, in seiner Praxis erlebt, müssen ihn dazu zwingen – und sollten andere dazu zwingen –, diese Therapie trotz ungeklärter Wirkungsweise zum Wohle vieler sonst ‚unheilbarer Fälle' einzusetzen. Denn die vornehmste Aufgabe des Arztes sollte man darin sehen, auch gegen herrschendes Gesetz und öffentliche Meinung jede erfolgversprechende Therapie einzusetzen, getreu einem alten Ausspruch: WER HEILT, HAT RECHT."

Neben dem Buch von Carmen Thomas wurde 1993 in Deutschland noch ein anderes Buch über die Urin-Therapie herausgegeben. Es heißt *Die Heilkraft der Eigenharn-Therapie* und wurde von Ingeborg Allmann, einer ehemaligen Apothekerin, geschrieben. Sie kam auch durch die persönliche Erfahrung eines Notfalls in Berührung mit der Urin-Therapie. Sie litt unter starkem, allergischem Asthma, und die geläufigen Medikamente brachten ihr keine Besserung. Mit der Zeit entwickelte sie eine Abneigung gegen alle chemischen Produkte der pharmazeutischen Industrie. Nachdem sie sich von den Prinzipien der schulmedizinischen Verschreibungspraxis abgewandt hatte, beschäftigte sich Ingeborg Allmann mit natürlichen Heilmethoden. Hieraus entstand ein Buch, in dem, neben der Behandlung mit Urin, auch Grundsätze ganzheitlicher Heilweisen erklärt werden:

„Die Urin-Therapie entspricht mehr als alle anderen Therapien den Prinzipien der Naturheilkunde, nach denen man nicht passiv geheilt werden soll, sondern sich selbst aktiv heilen sollte.

Der Eigenharn ist das spezifische Heilmittel jedes Kranken – wie für ihn persönlich hergestellt und auf seinen momentanen Bedarf abgestimmt –, denn er ändert ständig seine Zusammensetzung.

Ein Mittel, das nicht nur heilt, sondern, vorbeugend genommen, die Gesundheit erhält. Energetisch betrachtet kann man den Harn als exaktes Hologramm der gesunden und kranken Körperflüssigkeit ansehen. Das heißt, alle Informationen der Körperflüssigkeiten sind im Urin gespeichert.

Da sowieso jeder wieder lernen muß, mit seiner Gesundheit eigenverantwortlich umzugehen – überlassen Sie Ihr höchstes Gut sonst auch so leichtfertig fremden Menschen? –, hilft Ihnen die Urin-Therapie auf die einfachste Weise dabei."

Ingeborg Allmann betont die Wichtigkeit des Fastens, besonders im Falle ernster Krankheiten. Außerdem beschreibt sie die Anwendung der Urin-Injektion und einer weiteren Methode, bei der eine Mischung aus Eigenblut und eigenem Urin hergestellt wird, von der man regelmäßig einige Tropfen oral einnehmen kann. Sehr interessant fand ich auch den Abschnitt über die Niere als Urenergie. Darin wird erläutert, wie wichtig unsere Nieren für den gesamten Organismus sind, da viele Prozesse unseres Körpers davon abhängen, wie gut unsere Nieren funktionieren.

„Da der Eigenharn das beste Nierenheilmittel ist, das wir uns vorstellen können, werden auf diese Weise, nämlich über die Niere, alle Krankheiten geheilt, die aus einer Unter- oder Fehlfunktion dieses Organs entstanden sind.

Da es für jeden ganzheitlichen Heiler klar ist, daß alle Regelkreise des Körpers miteinander in Verbindung stehen, wirkt sich schon ein geheilter Regelkreis positiv auf alle anderen aus."

In ihrem Buch beschreibt Allmann ausführlich, welche Rolle der pH-Wert spielt und wie entscheidend der Säure-Basen-Gehalt für unseren Körper und unsere Gesundheit ist. Es sind viele Beispiele von Krankheiten zusammengefaßt, die durch die Urin-Theapie geheilt werden können oder wirklich geheilt wurden. Ebenso wie Johann Abele bestätigt die Autorin, daß *Candidiasis* (eine zur Zeit häufig anzutreffende Schimmelinfektion) mit einer dreiwöchigen Urin-Fastenkur völlig beseitigt werden kann. Abschließend gibt Ingeborg Allmann eine fachkompetente Übersicht über die chemischen Inhaltsstoffe des Urins. (Weiteres über die Substanzen des Urins siehe Kapitel 5.)

Sehr ausführlich wird in einem anderen, kürzlich erschienenen Buch auf die chemische Zusammensetzung des Urins eingegangen. In *Eine eigene Apotheke ist in dir* erzählt der Schweizer Arzt Dr. med. U. E. Hasler, wie er kurz nach dem Zweiten Weltkrieg über die Anwendung der Urin-Therapie an der Front hörte. Er fand dies sehr interessant, doch erst 1987 ließ er sich überzeugen, als ihm von einem Arzt in den Karpaten Ost-Europas berichtet wurde. Dieser Arzt behandelte angeblich viele Menschen, die oft von weit her angereist kamen, mit nichts anderem als mit der Urin-Therapie. Er schaffte Besserung, Linderung oder Heilung bei Krankheiten, bei denen andere Methoden versagten. Dr. Hasler war erstaunt und fragte Mantak Chia, einen bekannten Lehrer für ganzheitliche Heilung und Spiritualität:

„. . . ob er von dieser seltsamen Methode auch schon etwas gehört habe. Sofort begann er mit dem ganzen Gesicht zu lachen und zeigte mit der Hand auf sich und sagte: ‚Ich führe das bei mir selbst durch. Ihr Ärzte aus dem Westen täuscht euch gewaltig, wenn ihr meint, die Niere scheide nur giftige Substanzen aus.

Schaut auf die Düngung der Pflanzen. Der Mensch ist auch so eine Pflanze, die daraus großen Nutzen ziehen kann.'"

Dr. Hasler erklärt die Bedeutung der Urin-Therapie teilweise mit den wirkungsvollen Substanzen, die sich im Urin befinden. Er belegt dieses mit einer umfangreichen Auflistung über die Inhaltsstoffe und deren Eigenschaften.

Hasler beschränkt sich aber nicht nur auf die medizinischen Aspekte. Er spricht auch von der „Lebensenergie", die sich im Urin befinde:

„Nach der Darstellung der erstaunlichen Vielfalt der Inhaltsstoffe ist eine positive Wirkung verständlich geworden. A-L (selbsterzeugte Flüssigkeit, Urin) stellt eine lebendige Substanz dar. Die

Flüssigkeit ist voll des Lebens und enthält die so wichtige Lebensenergie. In der additiven Medizin kennen wir schon manche Methoden, die sich mit der Lebensenergie befassen. Wir haben im menschlichen Körper ein inneres Heilprinzip; ich benenne das mit dem Ausdruck ‚Der innere Arzt'. Dieser innere Arzt ist mit großer Intelligenz ausgestattet und will den jeweiligen Mechanismus – ob Pflanze, Tier oder Mensch – möglichst gesund erhalten. Selbsttätig und gewöhnlich im unbewußten Bereich ist er in dauernder Tätigkeit, er kennt keine Nachtruhe, keinen Sonntag, keine Ferien, er ist immer da, solange der Organismus lebendig ist."

Neben der Beschreibung von Anwendungsmethoden und den Erlebnisberichten vieler Patienten verweist Hasler auf die Bedeutung der geistigen Aspekte der Gesundheit:

„In jedem Lebewesen ist eine Art von geistigem und körperlichem Selbstheilungsbestreben vorhanden, das unser Leben erhalten möchte, und zwar in der bestmöglichen Form. Wir können das manchmal bei Tieren beobachten, die bei Krankheiten oftmals instinktiv die richtige Therapie unternehmen und das zutreffende Heilkraut finden . . . Solche Tiere ziehen sich dann an einen stillen und ruhigen Ort zurück, fasten, machen wenige Bewegungen, und wenn die Krankheit nicht zu schwer war, tritt nach einiger Zeit die Gesundheit wiederum ein."

Zum Schluß noch ein Zitat aus Dr. Haslers Buch, welches eine Situation beschreibt, die vielleicht denen Zuversicht gibt, die mit der Urin-Therapie behandeln:

„In mir geeignet erscheinenden Krankheitsfällen biete ich diese Therapieart als ein additives und unterstützendes Verfahren an, stelle es aber selbstverständlich jedem Patienten frei, ob er darauf eingehen will oder nicht. Seit dem ersten Beginn in meiner Praxis hat sich ein Wandel eingestellt; damals noch erschien diese Behandlungsart den meisten unbekannt und ungewohnt. Die ablehnende primäre Haltung reichte von einem befremdenden Erstaunen bis zur strikten Verneinung, wobei auch einige Aggressionen und Widerstände geweckt und abreagiert wurden. Sicherlich verlor ich durch mein Vorgehen einige meiner Patienten, die es einfach nicht verstehen konnten und wollten, daß ihr Arzt ein vermeintlich ‚so widerliches Verfahren' in seinen therapeutischen Heilmittelschatz aufnahm. Inzwischen hat sich irgendwie das ‚Klima' geändert, und das entsprechende Verständnis nimmt zu. Warten wir einmal ab."

Auch in Rußland ist die Urin-Therapie verbreitet. Man berichtete mir, daß sie dort von vielen Menschen und auch in Krankenhäusern angewendet wird. In Frankreich ist sie bekannt. Man spricht dort von „Pipi-Therapie".

In den USA spielt die Urin-Therapie in einzelnen Instituten und Kliniken eine große Rolle, in

Die Entwicklung der Urin-Therapie

denen mit natürlichen Heilmitteln gearbeitet wird. *Das Water of Life Institut* in Florida hat viel dazu beigetragen, diese Therapie zu etablieren. In New York City gründete man eine Selbsthilfegruppe für Menschen, die die Urin-Therapie anwenden. Zur Zeit sind es angeblich 700 Mitglieder, eine große Anzahl davon HIV-positiv oder an Aids erkrankt. Für viele Menschen mit Aids hat die Urin-Therapie Verbesserungen gebracht.

In England gibt es ein Institut, in dem mit der Harn-Behandlung gearbeitet wird und dessen Leiter, Dr. Arthur Lincoln Pauls, ein Spezialist ist für Bio-Orthonomie und Autor des Buches *Shivambu Kalpa* über die Urin-Therapie.

3.2 Die Entwicklung im Osten

Hinduismus

In den östlichen Kulturen, die eine lange volksheilkundliche Tradition aufweisen, wird Urin nach wie vor als alltägliches Heilmittel bei den unterschiedlichsten Krankheiten eingesetzt. In Indien findet man in alten, gelehrten Texten Hinweise auf die Urin-Therapie. Der älteste Text, der noch vollständig erhalten ist, wird auf ein Alter von 5000 Jahren geschätzt. Dieser Text besteht aus 107 Versen, *Slokas* genannt, und ist Teil einer Schrift mit dem Namen *Damar Tantra*. Der Auszug heißt *Shivambu Kalpa Vidhi*, was soviel heißt wie „Trinken des eigenen Urins, um den Körper zu erneuern". Dieser Text ist vollständig übersetzt in Kapitel 7 abgedruckt.

Shivambu bedeutet wörtlich übersetzt „Das Wasser von Shiva". Shiva ist der höchste und umfassendste Gott der indischen Götterwelt. Der Name „Shiva" meint soviel wie „Glückseligkeit". In Indien spricht man, zumindest in Kreisen von Urin-Therapeuten, oft über das Trinken von Shivambu – übersetzt also über das „Trinken des Wassers der Glückseligkeit".

In den Einleitungsversen des *Damar-Tantra*-Textes spricht Gott Shiva zu seiner Frau Parvati:

Vers 1-4
Oh, Parvati! Ich will dir die Handlungsweisen und Rituale des Shivambu Kalpa auslegen, so daß diejenigen, die ihn anwenden, eine reiche Ernte haben. Es empfiehlt sich, den eigenen Urin in Gefäßen aufzufangen, die gefertigt sind aus Gold, Silber, Kupfer, Bronze, Eisen, Ton, Glas, Elfenbein, Holz heiliger Bäume, Knochen, Leder oder Blättern. Dabei sind Ton- und Kupfergefäße am besten zu gebrauchen.

Schon in der Einleitung werden eine Anzahl praktischer Tips zur Anwendung der Urin-Therapie gegeben. Es folgen Hinweise über die empfehlenswerten Eß- und Trinkgewohnheiten, wobei man aber berücksichtigen muß, daß die Texte ursprünglich für Menschen gedacht waren, die sich besonderer körperlicher und geistiger Schulungen unterzogen, wie z. B. Yoga. Dementsprechend streng war auch der Ernährungsplan.

Aber dennoch enthält der nächste Vers gute und allgemein gültige Richtlinien für jeden, der die Urin-Therapie anwendet:

Vers 5
Wer diese Therapie praktiziert, dem rate ich, salzige oder scharfe Nahrung zu vermeiden, sich nicht zu überanstrengen und einer ausgeglichenen und leichten Diät zu folgen. Er kann am besten auf dem Boden schlafen und seine Sinne beherrschen.

Das Trinken des Urins wird gleichgestellt mit dem Genuß eines göttlichen Elixiers, das die Kraft hat, alle möglichen Krankheiten und Beschwerden zu heilen. Der nachfolgende Vers deutet wieder auf die Verbindung von körperlicher Reinigung und einem meditativen Leben:

Vers 9
Eigener Urin ist göttlicher Nektar! Er besitzt die Gabe, das Altern, jegliche Beschwerden und Krankheiten zu stoppen. Der Praktizierende soll erst seinen Urin einnehmen, bevor er mit Meditationen oder Yoga beginnt.

Einige Verse beschreiben das Einmassieren des Harns, ein wichtiger Bestandteil der Urin-Therapie:

Vers 44
Und jetzt, oh, Parvati, erkläre ich dir die Vorgehensweise der Massage mit Urin. Führt man die Massage wie folgt aus, hat man Erfolg mit der Therapie und mit spirituellem Wachstum.

Vers 48
Shivambu wird dann auf den gesamten Körper aufgetragen. Er wirkt außerordentlich nährend und kann alle Krankheiten heilen.

Vers 87
Wer seinen Körper dreimal am Tag und in der Nacht mit Shivambu einmassiert, oh, Parvati, dessen Körper und Muskeln werden stark und kräftig; er wird fortwährend in Ekstase sein, er

तस्य मन्त्रं प्रवक्ष्यामि ग्रहणादानसर्जने ।
मन्त्र: ॥ ॐ ह्रीं क्लीं भैरवाय नम: ॥
अनेन ग्रहणं कुर्याद्योगी यत्नाच्छिवाम्बुन: ।
मन्त्र: ॥ ॐ श्रीं क्लीं उड्डामरेश्वराय नम: ॥
अनेनादाय तत्पानं योगी कुर्वन्दोषभाक् ॥४६॥
मन्त्र: ॥ ॐ सर्वसृष्टिप्रभवे रुद्राय नम: ॥
अनेन देवि मन्त्रेण प्रयत्नोत्सर्जनं चरेत् ॥४७॥

Ein in Sanskrit geschriebener Auszug des Textes Shivambu Kalpa Vidhi, *so wie es im* Damar Tantra *geschrieben steht.*

bekommt ein freundliches und gesundes Herz und sein Körper eine liebevolle Ausstrahlung.

Immer wieder findet man Andeutungen über den Zusammenhang von körperlicher Reinigung und der Reinheit der Stimmung und des Gemütes, wie das letzte Versbeispiel zeigt. Die im Urin wirkenden Hormone haben anscheinend einen Einfluß auf das Gefühlsleben. Verschiedene Menschen, mit denen ich darüber sprach, berichteten mir, daß sie sich nach der Einnahme von Urin emotional stabiler, lebenslustiger und vitaler fühlten.

Im letzten Vers wird Parvati gebeten, die Informationen über die Urin-Therapie geheimzuhalten:

Vers 107
Oh, meine geliebte Parvati! Ich habe dir nun alle Details des Shivambu Kalpa erklärt. Dieses Wissen ist geheim und sollte gut gehütet werden. Darum erzähle bitte niemandem etwas davon!

Mit dieser interessanten Warnung endet das Kapitel über *Shivambu Kalpa Vidhi*, wie es in dem *Damar Tantra* geschrieben steht. Das exklusive Wissen um den Gebrauch von Shivambu geht aus einer anderen Geschichte, die ich gehört habe, noch deutlicher hervor. Es geht wieder um den Gott Shiva, der seiner Frau Parvati über die gute Wirkung der Urin-Therapie berichtet. In dieser amüsanten Anekdote gibt er das Geheimnis erst unter dem Druck seiner Frau preis:

Shiva und Parvati waren glücklich verheiratet. Im Laufe der Zeit stellten sich aber, wie in jeder guten Ehe, Schwierigkeiten ein. Parvati wurde eifersüchtig auf Shiva, der immer gesund und kräftig aussah und nur so sprühte vor Lebensfreude und Vitalität. Und der Gipfel war, daß er zusätzlich behauptete, unsterblich zu sein. Auf die Fragen Parvatis nach der Ursache seiner Schönheit, antwortete er jedesmal, es sei ein Geheimnis. Parvati reichte diese Antwort nicht. So begann sie, Shiva unter Druck zu setzen. Sie ließ den Haushalt total verwahrlosen und, als das nicht half, sorgte sie dafür, daß das Essen anbrannte und ungenießbar wurde. Shiva jedoch war das Geheimnis nicht zu entlocken. Letztendlich entschloß sie sich, ihrem Ehemann jeglichen sexuellen Kontakt zu verweigern. Nun ist es aber so, daß die Welt und das ganze Universum nur durch die sexuelle Vereinigung des höchsten Gottes Shiva und seiner Frau Parvati bestehen. Allein daraus entspringt die gesamte Schöpfung und alles, was auf der Erde wachsen kann und lebendig ist. Da stand Shiva nun vor einem großen Dilemma: Entweder gab er sein Geheimnis preis, oder das Universum würde aufhören zu bestehen. Schließlich beschloß er, sein Schweigen zu brechen. Das Geheimnis seiner Schönheit, Kraft und Gesundheit war nichts anderes als das Trinken seines eigenen Urins. So erfuhr Parvati es doch noch und die Welt war wieder in Ordnung.

Die Informationen über die Urin-Therapie werden schon seit jeher durch Traditionen und geheime

Lehren überliefert. Das ist wahrscheinlich auch der Grund, warum sie nicht vollständig in Vergessenheit gerieten. Eine dieser Traditionen stammt aus dem tantrischen Yoga. Sie wird dort *Amaroli* genannt, was, abgeleitet von dem Wort *Amar*, soviel wie „Unsterblichkeit" bedeutet. Amaroli ist mit der Urin-Therapie vergleichbar und wird mit bestimmten Yoga-Übungen (*Kriya*-Yoga) zusammen angewandt, um den Körper zu reinigen und das Bewußtsein zu erweitern. In diesem Fall ist die Technik stark mit einer religiösen Praxis und Schulung verbunden und damit eine weniger geeignete Behandlungsmethode.

Swami Satyananda Saraswati schreibt im Vorwort des Buches *Amaroli* von Dr. Swami Shankardevan Saraswati:

„Ich kenne Amaroli sehr gut und habe persönlich viele Erfahrungen damit gemacht. Ich habe es nie als strikte Therapie, sondern allein als Teil meines Vajroli Kriya (einer besonderen Yoga-Art) angewandt. Ich bin überzeugt, daß Menschen, die Vervollkommnung mit Hilfe von Vajroli suchen, erst durch den Prozeß des Amarolis gehen müssen.

Zwischen den Jahren 1943 und 1978 habe ich nicht ein einziges negatives Ergebnis nach Behandlungen mit Amaroli gesehen, weder bei regelmäßiger Anwendung noch zur Hilfe bei Vajroli. Kürzlich kam z. B. ein schwerkranker Mann zu mir und fragte mich nach meiner Meinung über Amaroli. Ich schlug ihm vor, es besser selbst auszuprobieren und sich dann ein eigenes Urteil zu bilden. Inzwischen, zwei Monate später, ist er wieder vollständig gesund.

Vom Gesichtspunkt der Gesundheit aus gesehen: Wenn Amaroli wirklich weniger schädlich ist

Shiva und seine Frau Parvati. Es war nicht einfach für Parvati, Shiva das Geheimnis für seine Vitalität zu entlocken. Aber letztendlich gelang es ihr doch. Allerdings empfiehlt Shiva, mit diesem Wissen sorgsam umzugehen.

Die Entwicklung der Urin-Therapie

als der regelmäßige Gebrauch von Medizin, synthetischen Hormonen und anderen chemischen Substanzen; wenn seine Inhaltsstoffe tatsächlich weniger giftig und weniger ätzend sind als Coca-Cola oder Sprite; wenn es weniger süchtig macht und weniger vergiftend wirkt als Alkohol, und wenn es weniger unappetitlich ist als Gelatine, die von Tierhufen und -hörnern hergestellt wird – dann weiß ich mit Sicherheit, daß es ein wahrer Pluspunkt für die Menschheit ist.

Ich bin der Meinung, daß wir alle Tatsachen zu Amaroli auf eine so direkte, ehrliche und deutliche Art wie möglich aufreihen müssen. Dann wird die Menschheit womöglich erkennen, daß es noch weitere zahllose Vorteile der Anwendung von Amaroli gibt."

Viele Verse des *Damar Tantra* weisen ebenfalls auf religiös-spirituelle Aspekte hin. Das hängt mit dem ursprünglichen Text zusammen, der für Yogis oder Mönche mit besonderer spiritueller Ausbildung bestimmt war. Einiges davon hört sich für uns manchmal übertrieben und exotisch an. Ein Beispiel dafür:

Vers 19
Nach achtjähriger Anwendung dieser Therapie kann man alle fünf wichtigen Elemente des Universums beherrschen. Nach neun Jahren durchbricht man den Kreislauf von Tod und Wiedergeburt.

Der indischen Tradition zufolge besteht die materielle Welt aus fünf Elementen: Erde, Wasser, Feuer, Luft und Äther. Das Beherrschen der Elemente bedeutet innere Freiheit, einen Zustand, dem keine Reinkarnation mehr folgen muß. Der Glaube an die Wiedergeburt gründet in erster Linie auf der Vorstellung, daß vergangene „schlechte" Taten durch „gute" im neuen Leben bereinigt werden. Man ist erst dann vom irdischen Leben befreit, wenn man sein Karma ausgeglichen hat oder erleuchtet ist. Mit der auf diese Weise erworbenen inneren Freiheit wird der Yogi nicht im physischen Sinne, sondern im spirituellen Sinne unsterblich.

Vers 20
Nach zehn Jahren kann man ohne Schwierigkeiten in der Luft schweben. Und nach elfjähriger Anwendung ist man in der Lage, die Bewegungen seiner inneren Organe zu hören.

Das Schweben in der Luft wäre als Metapher zu deuten für die Freiheit von seinen Gedanken. Man ist nicht mehr Sklave seiner eigenen Gedanken. Und das „Hören der inneren Organe" kann soviel wie das Wahrnehmen der inneren, göttlichen Stimme bedeuten.

Die Methode, die im Damar Tantra beschrieben steht, ist eng verbunden mit der *ayurvedischen* Tradition. In der *ayurvedischen* Medizin werden besondere Kräuter zur Genesung verwandt. Wie die folgenden Texte aus dem Damar Tantra zeigen, ist es auch möglich, die Urin-Therapie mit Kräutern kombiniert anzuwenden:

Vers 37
Nimmt man täglich eine Mischung aus Sulfur, getrockneten Früchten des Amlas (Phylonthus Emblica) und Muskatnuß ein und trinkt danach Shivambu, so werden alle Schmerzen und Krankheiten verschwinden.

Vers 62
Derjenige, der Shivambu mit dem Pulver der fünf Teile der Sharapunkha-Pflanze (Devnal) trinkt, wird Meister der Meditation. Er wird in größter Freude und spiritueller Ekstase leben.

Vers 85
Oh, Göttin, wer jeden Morgen Urin durch seine Nase einzieht, der wird von allen Krankheiten geheilt, die durch ein Übermaß eines der drei Elemente – Kapha (Schleim/Wasser), Vata (Luft), oder Pitta (Galle/Feuer) – entstehen. Er wird einen gesunden Appetit haben und einen starken und kräftigen Körper.

Es existieren noch weitere alte Texte, die zum religiös-spirituellen Erbe Indiens gehören und ebenfalls Hinweise auf die Urin-Therapie bzw. Amaroli enthalten. Hier einige Auszüge daraus:

Hatha Yoga Pradipika, Kapitel 3, Vers 96-97
Nach der Lehre der Kapalikas ist Amaroli das Trinken des mittleren Strahls des Urins. Den ersten Teil läßt man aus, da er zuviel Galle enthält, und den letzten Teil, weil er keinen besonderen Nutzen hat. Von denjenigen, die Amari trinken, es täglich durch die Nase einschniefen und Vajroli ausüben, wird gesagt, daß sie Amaroli anwenden.

Gyanarnava Tantra, Kapitel 22
Nachdem man sich wahrhaftig die Erkenntnis von Dharma (Ordnung) und Adharma (Chaos) zu eigen gemacht hat, wird jeder Aspekt der Welt heilig. Kot, Urin, Menstruationsblut, Nägel, Knochen – all diese Dinge sind heilig im Auge dessen, der die Forschung nach dem Mantra getan hat.

Oh, Parvati, es leben etliche Götter in dem Wasser, aus dem Urin besteht. Warum bloß wird Urin als unrein bezeichnet?

Harit, Kapitel 1
Menschlicher Urin ist basisch, bitter und flüchtig. Er beseitigt Krankheiten der Augen, macht den Körper stark, fördert die Verdauung und beendet Husten und Erkältung.

Bhawa Prakasha, Kapitel über Urin, Vers 7
Der menschliche Urin neutralisiert Gift, gibt bei richtigem Gebrauch neues Leben, reinigt das Blut und löst Hautprobleme auf; er hat einen scharfen Geschmack und enthält viele Mineralien. Wann immer man ihn trinkt, wirkt er als Medizin.

Ein Saddhu (indischer Einsiedler), der nach alter Tradition seinen Urin aus einem menschlichen Schädel trinkt.

***Yoga Ratnakar
(das Kapitel „Mutrashtakam", Vers 11)***
Menschlicher Urin kontrolliert Galle im Blut, wirkt gegen Würmer, reinigt die Eingeweide, hilft bei Erkältung und beruhigt die Nerven. Er hat einen scharfen Geschmack, wirkt als Gegengift bei Schlangenbissen und gibt Energie.

Sushrut Samhita (4/2 28)
Der menschliche Urin wirkt als Gegengift bei Vergiftungen.

***Tirumandiram
(geschrieben von Siddhar Tirumoolar)***
Shivambu ist ein Medikament für mutige Menschen. Er ist göttlicher Nektar, ein Geschenk von Shakti (Bezeichnung der göttlichen Energie; auch personifiziert als die große Göttin). Er gibt Menschen große Kraft. Der Gott Nandi hat uns davon erzählt. Die großen Weisen sagten schon, daß Urin die Basis jeder Heilkunde ist.

Vyavahar Sutra, Kapitel 42
Im Kapitel 42 des *Vyavahar Sutra* (einem religiösen Text der Jain-Tradition, geschrieben von Acharya Bhadrabahu) werden die Pratimas, die zu leistenden Gelübde und Prüfungen der Mönche, aufgezählt. Darunter fällt eine Zeit der Einsiedelei, in der man fastet und den gesamten Urin, den man in dieser Periode ausscheidet, wieder trinkt.

Shiva – Parvati Sambad
Dies ist ein alter *Sanskrit*-Text, der leider sehr beschädigt und darum kaum lesbar ist. Dank Professor Athawale aus Ahmedabad, der die alten Schriften studierte, konnten folgende Auszüge entziffert werden.

Shiva spricht zu seiner Frau Parvati:
Göttin, höre, was ich dir mitteilen möchte. Shivambu reinigt ausgezeichnet, es entfernt alle Unreinheiten aus dem Körper. Shivambu ist wirklich ein göttliches Getränk, das durch den eigenen Körper erzeugt wird.

Das Gefäß, in dem der Urin aufgefangen wird, bevor man ihn trinkt, säubert man erst mit einem Tuch. Während man das Gefäß reinigt, spricht man das Mantra: „Astraya Phut".

Ein *Mantra* ist eine heilige Silbe, zu vergleichen mit einem kurzen, kraftvollen Gebet. Vielen Europäern ist das große Mantra *„Om Namaha Shivaya"* (etwa: „Gottes Wille geschehe; Ich beuge mich vor Shiva") aus dem Hinduistischen oder *„Om Mani Padme Hum"* („Der Juwel im Lotus") des Buddhismus gut bekannt.

Der Sanskrit-Text gibt noch weitere Mantren an: *„Om Aim Hrim Amritodbhave Amrita Varshini, Amritam Kuru No Swaha"* sollte man siebenmal wiederholen, bevor man den Urin trinkt. Will man schnelle Resultate erreichen, so empfiehlt der Text, den eigenen Urin dreimal pro Tag zu trinken: morgens, mittags und abends, wenn möglich eine Stunde vor oder nach dem Essen. Die Wirkung kann sein:

Durch das regelmäßige und fortwährende Trinken von Shivambu wird sowohl der Mann wie auch die Frau sexuell potent, und die Zeichen des Alters verschwinden.

Die Urin-Therapie wird bis heute von Yogis nach der hinduistischen Tradition angewandt. Da sich westliche Moralvorstellungen über Körper und Hygiene aber im Laufe der Zeit auf weite Teile der indischen Bevölkerung übertrugen, verschwand der Gebrauch von Urin immer mehr. Man vertraut auch dort inzwischen lieber dem Rat und Rezept des Doktors. Doch seit verschiedene Bücher über die Urin-Therapie in den unterschiedlichen indischen Sprachen publiziert wurden, gewinnt die Urin-Behandlung in Indien wieder an Popularität.

Zuerst war es das Buch von John W. Armstrong, das erneutes Interesse hervorrief. Dann veröffentlichte Raojibhai Patel, ein bekannter Freiheitskämpfer und Assistent Mahatma Gandhis, ein Buch. Mit der Selbsttherapie durch Urin schaffte es Raojibhai Patel, sein Asthma und seine Herzbeschwerden vollständig zu heilen. Im Jahre 1959 schrieb er das sehr informative Standardwerk *Manav Mootra*, das in mindestens drei Sprachen übersetzt und inzwischen mehr als 100 000mal verkauft wurde.

In verschiedenen indischen Krankenhäusern wird seitdem die Urin-Therapie praktiziert. Im christlichen Krankenhaus Bethany Colony werden besonders Lepra-Patienten mit großem Erfolg behandelt. Durch das Zufügen kleiner Mengen

Der Urin-Bestseller in Indien:
Manav Mootra
(Menschlicher Urin).

Eigenurin des Patienten in ein Glas Orangensaft, das morgens getrunken wurde, brachte man Lepra zum Stillstand und die Patienten konnten geheilt werden.

Gerade in einem armen Land wie Indien ist die Verbreitung einer so effektiven Heilmethode, die obendrein noch kostenlos ist, sehr wichtig. Laut Armstrong gibt es viele Menschen in Indien, die auf unbewußte Weise den Segen der Urin-Therapie genießen, nämlich einfach durch ein Bad im Ganges:

„*Wer das weltbekannte Buch ‚Mother India' von Katherine Mayo gelesen hat, erinnert sich möglicherweise an den Abschnitt über die ‚widerlichen Gewohnheiten' der ursprünglichen Bewohner des Landes. In den Ausführungen über den Aberglauben der Menschen in bezug auf ihre Gesundheit beschreibt die Autorin den Glauben der Inder an die heilenden Eigenschaften eines großen Flusses im mittleren Teil Nordindiens. Menschen badeten darin und tranken daraus. Die Autorin fragte sich, ob bei den Wunderheilungen mehr im Spiel sein könne als nur der Aberglaube daran und nahm einige Wasserproben mit zurück nach Europa. Dort ließ sie das Wasser analysieren. Die heilende Flüssigkeit erwies sich lediglich als eine Mischung von Urin und reinem Wasser.*"

Durch steigende Umweltverschmutzung, die auch vor dem heiligen indischen Fluß nicht haltmacht, wird die heilende Wirkung des Bades im Ganges bald wohl nicht mehr möglich sein.

Noch eine Anmerkung über das Trinken des Urins in Indien: Allgemein geschätzt und verbreitet ist der Gebrauch von Kuh-Urin, der u. a. präventiv und zur Heilung von Malaria eingesetzt wird.

Die Kuh gilt in Indien als ein heiliges Tier. Ganz abgesehen von diesem Glauben, hat Kuh-Urin sich als ein hervorragendes Heilungsmittel für verschiedene Krankheiten und Beschwerden bewährt.

Selbst einige Europäer, die ich in Indien kennenlernte, gebrauchten dieses Mittel mit Erfolg und waren dankbar, daß sie nicht monatelang jeden Tag Malariapillen schlucken mußten.

In dem von Armstrong erwähnten Buch *Mother India* fand ich das Zitat eines gewissen Abbé Dubois:

„Urin wird als das effektivste Mittel angesehen, um Unreinheiten, welcher Art auch immer, zu beseitigen. Ich bemerkte häufig, wie Hindus den Kühen auf der Weide folgten und auf den Moment warteten, bis sie die wertvolle Flüssigkeit in einem bronzenen Gefäß auffangen konnten, um diese noch warm mit nach Hause zu nehmen. Ich sah auch, wie sie warteten, bis sie den Urin mit ihren Händen auffangen konnten, um ihn anschließend zu trinken und den Rest dazu verwendeten, sich Gesicht und Kopfhaut damit einzureiben. Das Einreiben wird zur Reinigung aller äußerlichen Unreinheiten verwendet, das Trinken zur Beseitigung aller inneren Unsauberkeiten."

Buddhismus

Auch in der buddhistischen und taoistischen Tradition findet man Hinweise auf die Urin-Therapie. Buddha selbst besaß eine große Kenntnis über *Ayurveda* und kannte die Kraft des Urins. In einem buddhistischen Text namens *Mahabagga* wird erzählt, wie Buddha empfiehlt, Urin bei Vergiftungen durch Schlangenbisse zu verwenden.

Die Entwicklung der Urin-Therapie

Das Wissen um den Gebrauch des Urins zur Stärkung und Unterstützung der Gesundheit hat sich mit dem Buddhismus in Tibet, der Mongolei und in China verbreitet, wenn es dort nicht sogar schon vorher bekannt war. Viele Lamas (tibetische Mönche) erreichen leicht ein Alter von über hundert Jahren. Sir Morris Wilson, ein bekannter Bergsteiger und Bezwinger des Mount Everest, hörte von den Lamas über den Nutzen des Urins. Während seiner Expedition massierte er sich mit Urin ein und trank ihn auch. Nach seinen Berichten war er so gerüstet gegen alle Entbehrungen der schweren Tour.

Milarepa, der große tibetisch-buddhistische Heilige, hat, so erzählt man sich, einmal über seine Trinkgewohnheiten gesagt: *„Immer wenn ich Durst habe, trinke ich reines blaues Wasser. In anderen Momenten vertraue ich auf meine eigenen Säfte. Regelmäßig trinke ich aus dem Brunnen der Gnade."*

Im *Hevarja Tantra*, einem alten buddhistischen Text, wurde folgendes geschrieben:

„Man soll beständig Kräuter essen und sein Wasser trinken; Alter und Tod können einem so kein Leid mehr tun und man wird immer beschützt sein."

Als ich vor einigen Jahren in Neu-Delhi auf mein Flugzeug nach Amsterdam wartete, sah ich auf dem Flughafen eine Gruppe tibetischer Mönche. Mit Hilfe eines Dolmetschers fragte ich sie, ob sie etwas über die Urin-Therapie wüßten. Daraufhin berichteten sie mir, daß sie nicht den eigenen Harn trinken würden, sondern in Krankheitsfällen den eines höheren Lamas zu trinken bekämen. Als Grund gaben sie an, daß der Urin eines höheren und weiterentwickelten Lamas reiner und sauberer sei. In der östlichen Tradition ist die Reinheit des Geistes immer mit innerer und äußerer Sauberkeit des Körpers verbunden.

Ebenfalls in Indien sprach ich mit Menschen, die eine intensive Vipassana-Meditation durchführten und dabei auch die Urin-Therapie anwenden. Ihnen fiel auf, daß während der zehn Tage dauernden Meditation der Urin klarer und sauberer wurde.

In der tibetischen Heilkunde wird Urin auch bei Fällen von Geisteskrankheit empfohlen und zur Diagnose sowohl körperlicher als auch mentaler Beschwerden verwendet. Alten Schriften ist zu entnehmen, daß es sich dabei um einfache körperliche Probleme handeln kann oder um die „Besessenheit von Geistern und Dämonen".

In dem Buch *Tibetan Buddhist Medicine and Psychiatry; The Diamond Healing* (Tibetisch-buddhistische Medizin und Psychologie; Die diamantene Heilung) von Terry Clifford wird in einigen Rezepten auf Urin hingewiesen. Die Anwendungen stammen aus dem *Gyu-zhi*, dem wichtigsten medizinischen Text der tibetischen Literatur. Clifford meint, daß der Gebrauch von Urin in der tibetischen Heilkunde auf den starken Einfluß der Ayurveda zurückzuführen sei:

„Urin wird in der Ayurveda in starkem Maße als Medizin angewandt, speziell bei Geisteskrankheiten."

Hier folgen nun zwei solcher Rezepte, aus dem *Gyu-zhi* zitiert nach Terry Clifford, wobei es zu beachten gilt, daß „Geister" in der tibetischen Tradition körperfremde Energien oder Einflüsse bedeuten, die sowohl auf körperlicher als auch auf geistiger Ebene Krankheiten hervorrufen können.

Gyu-zhi, Kapitel 77
(über das Austreiben von Geistern)
„Alle Geister der Elemente werden schnell befreit durch den Gebrauch einer eßbaren Salbe und eines Schnupfmittels namens ‚Medizinische Butter'. Es besteht aus den drei ‚Hauptfrüchten' (Chebulic myrobalan-arura, Beleric robalan, Emblic myrobalan), Sandelholz, Safran; den drei ‚Aufwärmern' (Ingwer, langer Pfeffer, schwarzer Pfeffer), Kardamom, Barbeeren, Pinie, Fanacetum sibiricum, Holarrhena antidysenterica, pu-shel-rtsi, weißem Senf, indischer Valerian, Jeneverbeere, Lavendel, Piper chaba, Costus speciosus, Helleborus, weißem Aconit, Spang-ma, Realgar; den sechs ‚Urinen'."

Gyu-zhi, Kapitel 78
„Gegen Verwirrung, als Folgeerscheinung von Vergiftungen, vertraue auf eine Tablette, hergestellt aus Dpa-ser, weißem Aconit, rotem Aconit, Re-ral, Turmerik, duftendem Wasser (Urin)."

Dazu macht Terry Clifford folgende Anmerkung:
„Vermische das oben beschriebene Pulver mit dem Urin einer roten Kuh. Die Kuh muß sieben Tage im Haus gelebt und sauberes Gras zu fressen bekommen haben. Der Urin wird bei Sonnenaufgang aufgefangen, anschließend gefiltert und mit dem Pulver gekocht, so daß ein dicker Brei entsteht. Man nimmt an, daß der Urin eines reinen Menschen oder Tieres ein hervorragendes antiseptisches und antitoxisches Mittel ist. Es kann direkt auf eine Wunde aufgetragen werden und dadurch Infektionen vorbeugen. Hier wird es angewandt, um inneren Vergiftungen entgegenzuwirken."

Über die allgemeine Anwendung des Urins in der ayurvedischen und tibetischen Heilkunde schreibt Terry Clifford:
„Die Verwendung von Substanzen wie Blut oder Urin in Medikamenten empfindet der Mensch aus dem Westen vielleicht als abstoßend oder

Abbildung eines tibetischen „Thangkas", in dem erklärt wird, wie man eine Diagnose anhand des Urins eines Patienten stellen kann.

abartig. Doch werden diese Substanzen in der gesamten Welt (auch in China) in traditionellen Heilverfahren angewendet, und scheinen nach wissenschaftlichen Untersuchungen wirklich wertvoll zu sein. Über Urin haben dänische Wissenschaftler vor kurzem herausgefunden, daß es Substanzen enthält, die mental und emotional stark beruhigend wirken können, ohne die Nebenwirkungen der chemisch fabrizierten Tranquilizer aufzuweisen."

Viele tibetische Ärzte haben sich so intensiv mit der Urin-Therapie befaßt, daß sie auch heute noch eine genaue und ausführliche Diagnose anhand eines einzigen Blickes auf ein Glas mit frischem Urin des Patienten stellen können.

Dortige Therapeuten, die die Heilkraft der Edelsteine nutzen, empfehlen ihren Patienten, Wasser zu lassen über den Steinen: Es verleihe den Steinen Schutz und passe sie vollständig den Energien der Person an, die damit arbeite oder die die Steine oder Kristalle einfach bei sich trage. Gleichzeitig lege sich eine dünne Schicht mit körperspezifischen Informationen über den Stein.

In seinem Weltbestseller *Sieben Jahre in Tibet: Mein Leben am Hofe des Dalai Lama* beschreibt der österreichische Bergsteiger Heinrich Harrer, wie er im Zweiten Weltkrieg in Indien interniert wurde, von dort nach Tibet flüchtete und nach vielen Abenteuern und Irrwegen Freund und Lehrer des Dalai Lama wurde. Während seiner Reisen durch das Land lernt er die Gebräuche und Sitten der Tibeter kennen. So hört er auch von dem Gebrauch des Urins als Heilmittel. Als Europäer stand Harrer dieser Methode allerdings skeptisch gegenüber:

„Alle Dinge, die aus dem persönlichen Haushalt des Dalai Lama stammten, galten als unübertreffliche Heil- und Schutzmittel gegen Krankheiten und böse Geister. Alle bestürmten mich immer um die Bäckereien und Früchte, die ich aus der Küche Seiner Heiligkeit mit heimbrachte. Ich konnte meinen Freunden keine größere Freude machen, als ihnen einen Teil davon zu schenken. Die Dinge wurden sofort aufgegessen, denn es gab ihrer Meinung nach kein besseres Vorbeugungsmittel gegen alles Übel.

Das war ja noch harmlos. Weniger Verständnis brachte ich dafür auf, daß man den Urin des Lebenden Buddha trank – ein Mittel, das von allen am meisten begehrt, aber nur in besonderen Fällen gegeben wurde. Der Dalai Lama selbst schüttelte den Kopf darüber und sah es nicht gerne, wenn man ihn darum bat. Aber er allein kam gegen diese Bräuche nicht auf und dachte sich wohl auch nicht allzuviel dabei. In Indien war es ja ein alltägliches Bild, daß die Leute auf den Straßen den Urin der heiligen Kühe tranken . . . .

Aber mehr als den Mönchen der Medizinschulen, die ähnlich wie unsere Heilpraktiker arbeiten, vertraut das Volk dem Handauflegen und Gesundbeten. Häufig bestreichen die Lamas ihre Patienten mit ihrem heiligen Speichel; oder es werden Tsampa und Butter mit dem Urin der heiligen Männer zu einem Brei verrührt und den Kranken eingegeben."

In Taiwan bekam die Urin-Therapie, unter anderem durch den Einfluß der Werbung mit einer *„Urine Therapy Hotline"*, einen völlig neuen Impuls. Nach den Informationen eines Zeitungsartikels, der mir kürzlich aus Indien zugeschickt wurde, trinken etwa 200 000 Taiwaner täglich ihren eigenen Urin.

Im Norden Taiwans existiert ein Kloster, in dem die Urin-Therapie propagiert wird. Die 20 Mönche dort und ihre etwa 2000 Anhänger wenden die Therapie nicht nur selber an, sie verbreiten gleichzeitig Broschüren darüber in buddhistischen Buchläden und Restaurants.

Ein Buddhist aus Taiwan veröffentlichte vor kurzer Zeit ein Buch (es wurde noch nicht übersetzt) mit einem Titel, der im Deutschen lauten könnte „Die magische Gold-Wasser-Kur" – eine Sammlung mit Berichten von Menschen, die, ernsthaft krank, mit Hilfe des Trinkens von Urin wieder gesund wurden.

Nach den neuesten Berichten wird auch in Japan und Korea die Urin-Therapie immer mehr angewandt.

Weiterhin wurde mir die Kopie eines philippinischen Buches zugeschickt, namens *Cancer Cures in Twelve Ways* (12 Wege der Krebsheilung) von A. A. Cordero. In einem Kapitel beschreibt der Autor die Urin-Therapie als eine Möglichkeit der Krebsheilung. Er berichtet:

„Dr. Karl A. B. Helm Y Strand, ein schwedischer Arzt der traditionellen Medizin, erklärte mir die Vorteile der Urin-Therapie: Dein Gott, der Vater im Himmel und Schöpfer, hat dir bei deiner Geburt auf diesem grünen Planeten ein ganz besonderes Geburtstagsgeschenk in Form von zwei großartigen medizinischen Produktionsstätten mitgegeben. Diese sind deine eigenen zwei Nieren. Deine Nieren produzieren nur für dich und für niemand sonst die allerbeste Medizin, in jedem Moment deines Lebens und für jede Krankheit, die dich erwischen kann. Wenn du klug genug bist, das Geschenk dieser zwei großartigen Produktionsstätten anzunehmen, so wird dein Körper den positiven Nutzen davon haben. Vergiß nicht den Vorteil deines Geburtstagsgeschenkes, der zwei wertvollen Organe, zu nutzen. Sobald du merkst, daß du krank wirst oder wenn du schon krank bist, trinke es jeden Tag, morgens, mittags und abends. Mit diesem Trank kann dir keine Krankheit wirklich schaden."

4. Die Anwendung der Urin-Therapie

Nach allen bisherigen Informationen über Hintergründe und Geschichte der Urin-Therapie bleibt eigentlich nur noch die Frage: Wie fange ich damit jetzt überhaupt an? Denn schließlich ist das der Schwerpunkt der Therapie. Durch eigene Anwendung lernt man am meisten, und fast jeder spätere Urin-Therapeut hat mit einer Urin-Selbstbehandlung angefangen.

Bis heute sind noch keine negativen Wirkungen oder besondere Gegenanzeigen festgestellt worden – ausgenommen in den Fällen, in denen die Urin-Therapie ausdrücklich nicht zu empfehlen ist. Die Anwendung, wie ich sie nun beschreibe, ist im Prinzip für jeden zum Ausprobieren möglich.

Aber: Die Urin-Therapie sollte NICHT durchgeführt werden beim gleichzeitigen Gebrauch chemischer und allopathischer Medikamente und NICHT beim Gebrauch von Drogen! Diese Kombinationen können die Gesundheit schwer beeinträchtigen.

Wer allopathische Medikamente einnehmen muß und sich trotzdem mit Eigenurin behandeln will, kann aber schon mit der externen Anwendung, z. B. mit dem Einmassieren von Urin, beginnen, bis er die Medikamente abgesetzt hat, falls das möglich ist.

Es ist weiterhin wichtig, sich bewußt zu werden, über das, was man während dieser Therapie zu sich nimmt. Häufig werde ich gefragt, ob es möglich sei, trotz Kaffee-, Alkohol- oder Zigarettenkonsums mit der Urin-Therapie anzufangen. Ich meine schon, daß man das machen kann, vorausgesetzt, diese Produkte werden in Maßen verwendet. Das heißt natürlich nicht, daß sie weniger ungesund für den menschlichen Körper werden, wenn man sie mit Urin kombiniert.

Je intensiver man sich auf die Harn-Behandlung einläßt, desto genauer und bewußter sollte man mit dem Essen und Trinken umgehen. Hinweise dafür finden sich in den Beschreibungen, die in diesem Kapitel folgen.

Die Urin-Therapie besteht aus zwei Teilen: der inneren (z. B. dem Trinken des Urins) und der äußeren Anwendung (z. B. Massage mit Urin). Beide Teile ergänzen sich ideal und sind wichtig für optimale Behandlungsergebnisse.

Daneben gibt es noch die verschiedensten Arten und Variationen dieser Heilmethode. Die wichtigsten werde ich hier beschreiben, so daß jeder, nach einer Zeit des Ausprobierens, seinen persönlichen Umgang mit dem Urin herausfinden kann.

Normalerweise soll jeder den eigenen Urin verwenden. In Ausnahmesituationen, z. B. einem Schockzustand, ist es möglich, daß man kein Wasser mehr lassen kann. Dann empfiehlt es sich, den Urin einer anderen Person zu benutzen, die aber aufgrund der Hormonzusammensetzung des Urins möglichst das gleiche Geschlecht haben sollte.

Auch Kinder können sehr gut ihren eigenen Urin trinken. (Aber bitte nur mit Einverständnis des Kindes! Schließlich haben wir alle schon sehr früh gelernt, Urteile über unsere eigenen Ausscheidungen zu fällen, und Kinder sollten, wenn überhaupt, dann behutsam zur Urin-Therapie geführt werden.) Der Kinderurin ist meist sehr sauber, besonders dann, wenn die Kinder gute, gesunde Nahrung zu sich nehmen. Er eignet sich auch ausgezeichnet zum Einmassieren von ernsthaft kranken Menschen, die selber nur unzulänglichen Urin produzieren.

4.1 Der erste Schluck

Bevor wir das erste Glas Urin trinken, spielt sich so einiges in unserem Kopf ab. Nur zu gut kennen wir das Tabu um den Urin. Es sitzt manchmal tiefer, als wir es uns vorstellen können. Mit der Folge, daß Menschen, selbst wenn sie wissen, daß Urin für sie gut ist, sich nicht zum ersten Schluck überwinden können.

Gerade am Anfang sollte man sich aber auch nicht unter Druck setzen und zu etwas zwingen. Kümmern Sie sich zunächst liebevoll um sich selbst. Gönnen Sie sich, Ihren Gefühlen und Ihrem Körper erst mal die Zeit, sich an die Idee zu gewöhnen, bevor es an die Ausführung geht. Beobachten Sie sich während der Urin-Therapie aufmerksam selbst, das wird Sie unterstützen.

Und den Widerwillen – wie können Sie den bewältigen? Beginnen Sie mit einem Tropfen Urin am Tag, dann ein Schlückchen, langsam aufbauend, bis zu einem vollen Glas. Das ist die bequemste Art, Körper, Geist und Seele an diese Therapie zu gewöhnen.

Eine andere Möglichkeit, mit der ich selber den Einstieg in die Urin-Therapie begonnen habe, ist es, mit einer Fastenzeit von einigen Tagen den Anfang zu machen. Der Harn wird dann schnell so mild, daß man nach dem zweiten Glas nur noch einen leicht salzigen Geschmack wahrnimmt. Die Vorstellung vom ekligen Urin, den man unmöglich trinken kann, läßt man so einfacher hinter sich.

Wir werden dazu erzogen, Urin abstoßend zu finden. Was können wir dagegen tun? Bevor ich Möglichkeiten dazu aufzeige, noch ein paar Dinge vorweg, die ich dem Buch von Dr. Beatrice Bartnett entnommen habe:

In der ganzen Welt wird Blut und werden Blutprodukte ohne irgendwelche abwertenden Urteile für medizinische Zwecke eingesetzt. Ständig sind Plasmen, weiße Blutkörperchen und etliche andere Bestandteile des Blutes in den Kliniken zum Wohl der Menschen im Gebrauch. Urin ist eigentlich auch nichts anderes als ein Blutprodukt.

Wir sehen Babys an der Brust ihrer Mütter saugen. Fühlt dabei etwa jemand Abscheu?

Die Anwendung der Urin-Therapie

Ohne darüber nachzudenken, trinken wir Kuhmilch und essen Ziegen- oder Schafskäse. Unsere Nahrung besteht aus verarbeiteten Milchprodukten in Form von Schimmelkäse oder vergorenen Getränken, wie Joghurt und Buttermilch, aber Schwierigkeiten beim Essen dieser Lebensmittel haben wir nicht. Und beobachtet man, was Menschen als Delikatessen so alles zu sich nehmen . . .

Gleichzeitig können wir uns nicht vorstellen, unseren eigenen Urin zu trinken? Dabei enthält der in frischer Form Stoffe oder Substanzen, die auch im Blut durch den Körper fließen. Was jetzt also als Urin herauskommt, war eben noch ein Teil des Blutes, das irgendwo anders durch den Körper strömte, vielleicht z. B. durch die Zunge. Aber wenn es als Blut nicht giftig oder ekelerregend ist, wieso dann plötzlich als Urin?

Wenn es nicht die Farbe ist (und die ist es nicht, denn wir trinken Fruchtsäfte, Bier und Wein in der gleichen Farbe); und wenn es nicht der Geruch ist (und der ist es nicht, denn wir essen Mengen von Käse mit viel schlimmeren Gerüchen); und wenn es auch nicht die Temperatur ist (und die ist es sicher nicht, schließlich nehmen wir alle regelmäßig warme Getränke und Speisen zu uns); dann ist es vielleicht der Geschmack? Wie viele Menschen kennen Sie jedoch, die ausreichend Urin getrunken haben und sicher sagen können, wie er schmeckt? Nicht viele wahrscheinlich. Diejenigen aber, die regelmäßig ihren Urin trinken, berichten, daß er mild und ein bißchen salzig schmeckt und an Meerwasser oder Bouillon erinnert.

Spülen oder Gurgeln mit frischem Urin ist übrigens eine gute Möglichkeit, sich von den angelernten Vorurteilen über den Geschmack des Urins zu lösen. Das Gefühl ist Ihnen nach einiger Zeit gut bekannt, so daß der Widerwille gegen die eigene, kostbare Körperflüssigkeit schnell der Vergangenheit angehört.

Auch das Massieren der Haut mit Urin ist eine praktische Methode, sich an Ihr eigenes „Lebenswasser" zu gewöhnen.

Sollte die Vorstellung des Trinkens danach noch immer ein Problem sein, mischen Sie einfach ein wenig Morgenurin mit einem Glas Fruchtsaft oder mit Wasser und vielleicht etwas Honig. Probieren Sie dann, von der Verdünnung langsam überzuwechseln zum Trinken des puren Urins. Einige Menschen halten sich beim Trinken die Nase zu, so daß sie nichts schmecken, oder spülen mit einem Glas Wasser oder mit einer anderen gesunden Flüssigkeit den Geschmack hinunter.

Nochmals, machen Sie es sich so einfach und so angenehm wie möglich, besonders dann, wenn Sie mit der Urin-Therapie beginnen. Körper und Geist verdienen Geduld und Liebe beim Gewöhnen an etwas, was bis vor kurzem noch unbekannt war oder sogar als widersinnig und ekelig erfahren wurde. Es hilft, mit Anerkennung einfach mal „Danke" zu Ihrem Körper zu sagen, bevor Sie Ihren Urin trinken.

4.2 Die innere Anwendung

1. Trinken

Der mittlere Teil des ersten Urins am Morgen wird aufgefangen und getrunken. Den ersten und letzten Teil des Strahls – dabei handelt es sich nur um eine kleine Menge – lassen Sie weg. Der Grund dafür ist, daß der erste Teil die Harnwege reinigt und somit eventuell noch Bakterien enthält. Der mittlere Strahl ist dann völlig steril. Im letzten Teil befindet sich manchmal ein gewisser Niederschlag, der keinen besonderen Nutzen hat.

Nur frischer und eigener Urin wird verwendet. Es empfiehlt sich, mit einem kleinen Glas zu beginnen und langsam auf eine Menge zu erhöhen, die Sie als angenehm empfinden. Das kann variieren zwischen einem oder mehreren Gläsern pro Tag. Wenn Sie, außer morgens, auch noch später am Tag ihren Harn trinken, ist normalerweise der von einer Stunde nach dem Essen zu empfehlen. Es gilt allgemein, daß man eine halbe Stunde nach und eine Stunde vor dem Trinken des Urins keine Mahlzeiten zu sich nehmen sollte. Morgenurin enthält die meisten wertvollen Inhaltsstoffe und eignet sich darum am besten zum Trinken. Sein Wert hängt zum Teil mit dem starken Gehalt an Hormonen zusammen, die nachts vermehrt ausgeschieden werden, wenn der Körper sich vollkommen entspannt und regeneriert.

Trinkt man jeden Tag ein Glas Morgenurin, gibt es im Prinzip keine besonderen Ernährungsregeln. Trotzdem trägt Nahrung, die arm ist an (tierischem) Eiweiß und Salz mit dazu bei, daß der Urin mild schmeckt und riecht.

Wer mehrmals am Tag seinen Urin trinkt, sollte auf jeden Fall Nahrung zu sich nehmen, die eiweiß- und salzarm ist. Mehr über den Einfluß des Essens und Trinkens auf den Harn und die Therapie folgt weiter unten.

Vorsichtsmaßnahmen: Beginnen Sie nicht mit der Urin-Therapie, wenn Sie in ärztlicher Behand-

Eine Möglichkeit der Anwendung von Urin: das Trinken.

lung sind und Medikamente einnehmen müssen (das gilt nicht für homöopathische oder andere natürliche Mittel).

Falls eine heftige Heilungskrise auftritt (darüber später noch Genaueres), wie z. B. Durchfall, Erbrechen oder Hautausschlag, dann verringern Sie die Menge des einzunehmenden Urins.

2. Fasten

Auch hier gilt, daß ausschließlich frischer Urin verwendet wird. Fastenkuren allein mit Urin und Wasser können einen oder mehrere Tage lang durchgeführt werden. John W. Armstrong ließ seine Patienten manchmal bis zu 45 Tage fasten. Bevor Sie aber eine solche Anwendung starten, ist es ratsam, sich auf jeden Fall nähere Informationen darüber zu holen.

Es wird empfohlen, längere Fastenzeiten nur mit erfahrener und, falls notwendig, mit ärztlicher Begleitung durchzuführen. Das Fasten allein ist schon eine sehr kräftige Methode, den Körper zu reinigen und Gesundheitsprobleme zu behandeln. Das Fasten nur mit Urin und Wasser bildet eine noch stärkere Variation. Darum sollten Sie eine solche Kur nur schrittweise und gut vorbereitet anwenden.

Die folgenden Schritte sind besonders dann zu beachten, wenn Sie sich zu einer langen Fastenperiode entschlossen haben.

a) Vorbereitung auf das Fasten: Gewöhnen Sie sich, falls das noch nötig sein sollte, an das Trinken des Urins.

b) Vor-Fasten: Zwei Tage vor dem eigentlichen Fastenbeginn können Sie Ihre Nahrung umstellen. Reduzieren Sie eiweißreiche und schwere Kost, wie z. B. fritierte und fettige Speisen. Frisches Obst und Gemüse ist leicht verdaulich und sorgt dafür, daß der Darm anfängt, sich zu reinigen, und das eigentliche Fasten beginnen kann. Jetzt kann man schon langsam seine Urindosis pro Tag erhöhen.

c) Eigentliches Fasten: In dieser Zeit wird nur Wasser und Urin getrunken und natürlich nichts gegessen. Damit der Reinigungsprozeß des Körpers ungehindert stattfindet, achte man vielleicht darauf, daß man nicht schwer arbeiten muß, sondern sich viel Ruhe und Entspannung gönnen kann.

Zu Beginn fängt man auch nur den Mittelstrahl des Urins auf. Ist die Kur bereits in Gang gekommen, verwendet man den gesamten Urin. Daneben trinkt man reines, sauberes Wasser.

Den Abendurin spart man aus, da sonst die Nacht etwas unruhig werden könnte. Und guter Schlaf ist wichtig für die Regenerierung des Körpers. Diesen Harn kann man allerdings gut aufbewahren und zum Einmassieren verwenden.

Sollten Sie sich während des Fastens sehr schlecht fühlen, ist es ratsam, die Kur einige Zeit auszusetzen, bis Sie sich wieder besser fühlen und dann erneut beginnen können.

Die Fastendauer hängt von der Art der Gesundheitsprobleme ab, die man in den Griff bekommen will. Einige Menschen fasten zwei Wochen oder länger, ohne unter starkem Hungergefühl zu leiden. Das liegt zum einen an der alkalischen Wirkung des Urins, zum anderen an der Wiederverwertung der Hormone, Mineralstoffe und Enzyme.

In dieser Zeit empfiehlt es sich, daß sowohl der Fastende als auch sein begleitender (Urin-)Therapeut den Verlauf der Kur gut beobachten. Eine Heilungskrise dürfte an sich kein Problem sein, doch ist es ratsam, extreme Fälle zu vermeiden. Es ist dann besser, mehrere Male kurze Fastenperioden durchzuführen, bei denen Sie sich mit viel Aufmerksamkeit und Ruhe Ihrem Körper und dem Reinigungsprozeß widmen, als längere Abschnitte, die manchmal wirklich anstrengend sein können. Eine tägliche komplette Körpermassage mit altem, eventuell aufgewärmtem Urin unterstützt den Körper auf besondere Art (über die genaue Anwendung und Wirkung der Massage siehe Abschnitt 4.3 „Die äußerliche Anwendung"). Neben der positiven Wirkung der Stoffe, die durch die Haut aufgenommen werden, fördert sie die Blutzirkulation. Außerdem vermeidet eine Massage mit altem Urin, daß sich die Herzschlagfrequenz während des Fastens erhöht, was sonst leicht passiert.

Auch Einläufe (siehe den folgenden Punkt „Einläufe/Klistiere") sind zu empfehlen. Viele Krankheiten beginnen in den Gedärmen. Darum ist es wichtig, diese sorgfältig zu reinigen.

d) Nach-Fasten: Diese Zeit ist notwendig, um langsam und mit viel Geduld den Körper wieder an einen normalen, natürlichen Ernährungsplan zu gewöhnen. Mindestens eine Woche lang sollten Sie sehr genau Ihre Eßgewohnheiten beobachten und sich Schritt für Schritt an feste Nahrung gewöhnen. Die beste Art des „Fastenbrechens" ist es, nachmittags mit dem Trinken von Urin und Wasser aufzuhören. Eine Stunde danach kann man beginnen, Frucht- oder Gemüsesäfte zu trinken. Am nächsten Tag nimmt man zum Mittagessen wieder etwas Saft zu sich, anschließend dann auch die erste Nahrung. Dafür eignet sich am besten Obst, das man gut kaut. Am folgenden Tag empfiehlt es sich, Gemüsebrühe, gekochtes Gemüse und Vollkornreis zu essen und alles gründlich zu kauen.

Auf diese Art und Weise können Sie zu Ihren alten Eßgewohnheiten zurückkehren – natürlich nur zu den gesunden!

Alternative Fastenkur

Eine Fastenkur allein mit Urin und Wasser kann viel Anstrengung kosten. Der Verzehr einer kleinen Mahlzeit pro Tag ist daher eine angenehme Alternative, die auch über eine längere Zeit durchgeführt werden kann. Auf diese Weise zu fasten, empfiehlt sich besonders bei Krankheiten, die den Körper stark schwächen oder geschwächt haben. Die Grundregeln sind, bis auf folgende Unterschiede, die gleichen:

a) Am Nachmittag können Sie eine leichte Mahlzeit einnehmen, z. B. rohes Gemüse oder Obst, etwas Vollkornbrot oder eine kleine Portion Vollkornreis mit gekochtem Gemüse. Auch hierbei ist

es wichtig, alles sehr klein zu kauen, denn: Gut gekaut ist halb verdaut!
b) Eine Stunde vor und nach der Mahlzeit nichts trinken, auch nicht Urin oder Wasser.

3. Einläufe/Klistiere

Die einfachste Art, einen Einlauf anzuwenden, ist, mit einer Art Pumpe (die man in der Apotheke bekommt) $^1/_2$ bis 1 dl (Deziliter) Urin in den Darmkanal zu spritzen. Dafür kann frischer oder alter Urin verwendet werden (über alten Urin siehe Abschnitt 4.3). Dieser Harn kann mit warmem Wasser gemischt werden.

Man legt sich für den Einlauf auf den Rücken, die Beine nach oben, und führt die Pumpe in den Anus ein. Während die Flüssigkeit nun in den Darmkanal fließt, legt man sich zunächst auf die linke Seite, dann wieder auf den Rücken, mit den Beinen nach oben, und zum Schluß auf die rechte Seite. Auf diese Weise spült der Urin den gesamten Darmkanal sauber. Aber es gibt zahlreiche verschiedene Arten, ein Klistier zu gebrauchen, und ebenso viele unterschiedliche Vorschläge, wie lang man die Flüssigkeit im Darm behalten sollte. Zu empfehlen ist, den Urin so lang wie möglich im Darmkanal zu lassen. Bevor man aber irgendwelche Experimente mit sich selbst veranstaltet, ist es auch hierbei sinnvoll, einen Fachmann oder ein gutes Fachbuch zu Rate zu ziehen.

Einige Urin-Therapeuten betonen die Wichtigkeit der Einläufe, vor allem bei chronischen Krankheiten. Das Körpergewebe enthält dann meistens eine große Menge Giftstoffe, besonders in den Darmkanälen. Mit Einläufen werden diese gereinigt und entschlackt. Zusätzlich kann der Körper einige Stoffe des Urins auf diese Weise besser aufnehmen als bei der oralen Anwendung.

4. Gurgeln

Frischer Urin wird so lang wie möglich, etwa 20 bis 30 Minuten, im Mund behalten. Das hilft bei

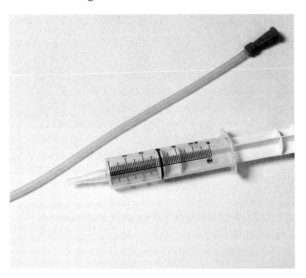

◀ *Ein Klistier*

Halsschmerzen, Beschwerden der Zunge, bei Aphthen (Mundausschlag) und anderen Problemen im Mund- und Rachenbereich. Zahnschmerzen verschwinden schnell; Zähne und Zahnfleisch bleiben in guter Verfassung.

5. Vaginale Spülung

Für Beschwerden der Vagina oder einfach zur Reinigung der Vagina können Spülungen mit frischem oder altem Harn angewandt werden. Besonders gut wirkt eine Mischung der kanadischen Anemone (Golden Seal, *Hydrastis Canadensis*) mit Urin; sie schafft Erleichterung und Heilung bei Weißfluß (weißlichem Scheidenausfluß) und anderen Beschwerden.

6. Augen- und Ohrentropfen

Bei schmerzenden, brennenden oder müden Augen hilft es, einige Tropfen des frischen Urins ins Auge zu träufeln. Nach kurzem Brennen tritt meistens eine Besserung der Beschwerden ein. Auch Augenbäder mit Urin erweisen sich als hilfreich. Ist der Urin sehr salzig, kann man ihn mit Wasser verdünnen, um so einem leichten Brennen vorzubeugen. Regelmäßig angewandte Augenbehandlungen verbessern das Sehvermögen.

Die gleiche Anwendung gilt für die Ohren. Bei Ohrenschmerzen und -entzündungen oder anderen Beschwerden hilft Urin, mit einer Pipette oder einem in Urin getränkten Wattebausch aufgetragen.

Man kann dafür auch alten Urin verwenden, die Wirkung ist dann etwas kräftiger.

7. Urin durch die Nase ziehen – Neti

Diese Methode wird in der Yoga-Tradition häufig dargestellt und nennt sich Neti. Dabei wird Salzwasser oder Urin durch die Nase eingesogen. Zu Beginn ist es vielleicht ein neues Gefühl, manchmal etwas unangenehm, doch kann man dieses Verfahren beruhigt anwenden bei verschnupfter Nase, Problemen der Nasennebenhöhlen und anderen

Urin als Augentropfen

Die Anwendung der Urin-Therapie

Beschwerden des oberen Bereichs der Atemwege. Die Wirkung dehnt sich positiv bis zu den Augen hin aus. Ist der Urin sehr stark, kann man ihn auch hier mit Wasser verdünnen.

Bei der Anwendung nehmen Sie ein Schälchen mit frischem Urin, halten Ihre Nase in die Flüssigkeit und ziehen langsam und ruhig soviel Urin wie möglich in die Nase ein. Öffnen Sie direkt danach den Mund und lassen Sie den Urin aus Ihrem Mund wieder herauslaufen. Wiederholen Sie diesen Vorgang einige Male. Bei verstopfter Nase können Sie auch erst ein Nasenloch zuhalten, während Sie den Urin durch das andere einsaugen. Zum Schluß putzen Sie Ihre Nase vorsichtig, um die restliche Flüssigkeit zu entfernen.

8. Homöopathische Anwendung

Sie fertigen eine $1/1\,000\,000$-Verdünnung des Urins an, die unter der Zunge eingenommen wird. Beginnen Sie mit 2 Tropfen pro Tag und steigern Sie die Dosis bis zu 10 Tropfen. Es ist sehr einfach, diese Lösung zuzubereiten.

a) Sie benötigen eine Pipette und sechs schmale Röhrchen (erhältlich in der Apotheke).

Augenbad mit Urin

Neti

b) Füllen Sie 18 Tropfen Wasser in jedes Röhrchen und sortieren Sie diese in einem Becher, um Verwechslungen vorzubeugen.

c) Fangen Sie den Mittelstrahl des Urins auf und füllen Sie 2 Tropfen davon in Röhrchen Nummer 1.

d) Schütteln Sie das Röhrchen 25–50mal. Nehmen Sie es dafür in die Faust mit dem Daumen auf der Öffnung. Schlagen Sie fest mit dieser Faust in Ihre andere Handfläche. Dieses Schütteln ist wichtig für die energetische Übertragung.

e) Füllen Sie nun 2 Tropfen aus Röhrchen Nr. 1 in das Röhrchen Nr. 2. Spülen Sie die Pipette nach jedem Gebrauch wieder sauber. Wiederholen Sie den Schüttelvorgang nun mit Röhrchen Nr. 2. Dann nehmen Sie zwei Tropfen aus Röhrchen Nr. 2, füllen es in Nr. 3, schütteln es usw. Führen Sie diesen Vorgang fort, bis alle Röhrchen an der Reihe gewesen sind.

f) Die Lösung im sechsten Röhrchen ergibt dann eine „sechsfache" oder eine etwa $1/1\,000\,000$-Verdünnung.

Dieses Produkt kann je nach Beschwerden angewandt werden.

Ich empfehle die homöopathische Anwendung nur, wenn jemand sich absolut nicht überwinden kann, seinen eigenen Urin pur zu trinken, oder die Heilwirkung des Urins zu stark ausfällt.

9. Injektionen mit Urin

Es gibt einige Heilpraktiker in Deutschland, die diese Methode anwenden. Dabei wird regelmäßig frischer Urin in die Muskeln injiziert zur Behandlung von z. B. Diabetes und Allergien. Falls man dieses Verfahren anwenden möchte, ist es ratsam, einen Fachmann auf diesem Gebiet aufzusuchen.

Besonders ausführlich geht Dr. Johann Abele in seinem Buch auf diese Handhabung von Urin ein (siehe dazu Literaturverzeichnis).

4.3 Die äußerliche Anwendung

Für den externen Gebrauch wirkt am besten alter Urin, der eventuell noch aufgewärmt wird. Normalerweise sollte der Urin vier Tage alt sein, doch man kann auch ruhig frischen oder noch älteren Urin verwenden. Manche Menschen vergleichen es mit Wein: Je länger er steht, desto besser wird er.

Der Urin wird in lichtgeschützten Glasflaschen aufbewahrt, die mit einem Korken verschlossen werden. Man kann auch andere Behälter verwenden, doch es empfiehlt sich, daß Luft hineingelangen kann, wie z. B. durch einen lose aufgelegten Deckel oder durch ein geschlossenes Tongefäß. Die Luft wird für die Fermentierung benötigt. Der Urin geht durch einen bakteriellen Fermentationsprozeß. Dadurch verstärkt sich die reinigende und säubernde Wirkung.

Je länger der Urin stehenbleibt, desto alkalischer wird er bis zu einem bestimmten Grad, durch die Abspaltung von Urea in Ammoniak. Dabei entstehen Calciumsalze, die den Urin trüben und sich als Bodensatz absetzen. Niederschlag (Harnsediment) in altem Urin ist also völlig normal.

Alter Urin riecht oft sehr stark, und viele Menschen finden das ekelig. Es hilft, sich zu erinnern, daß der Geruch einfach durch den hohen Ammoniakgehalt verursacht wird.

Der alte Text *Shivambu Kalpa Vidhi* (zu finden in Kapitel 7) rät, Urin „bis auf den vierten Teil" abzukochen (d. h. bis nur noch ein Viertel der ursprünglichen Menge übrig ist). Eine Verwendung von ungekochtem Urin wird dort nicht empfohlen. Die Praxis hat aber inzwischen bewiesen, daß nicht nur gekochter, sondern auch alter, gewöhnlicher Urin ebenfalls sehr gute Effekte bringt.

Die Wirkung verstärkt sich, wenn der Harn erwärmt wird, denn die Haut nimmt warme Flüssigkeiten besser und schneller auf.

1. *Einmassieren*

Der alte Urin wird einfach auf die Haut aufgetragen und einmassiert. Er kann bei ziemlich allen Hautproblemen angewendet werden: vom einfachen Hautausschlag bis hin zu Ekzemen oder Hautkrebs. Doch auch ohne irgendwelche Beschwerden empfiehlt sich das regelmäßige Einreiben. Urin ist nämlich ein fantastischer Hautversorger. Sie können sich die Haut als Sieb vorstellen, durch das die wirkungsvollen Substanzen in den Körper eingerieben werden. Der Urin wirkt reinigend, da Ammoniak mit Fett reagiert und so direkt natürliche Seife entsteht.

Bei der Behandlung chronischer Krankheiten und bei Fastenkuren ist die Massage ein notwendiger Teil der Therapie.

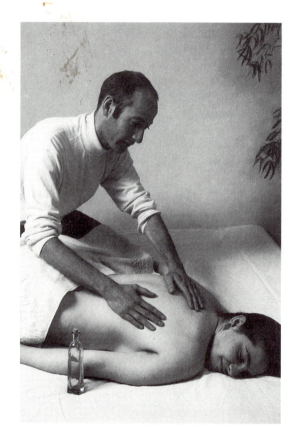

Massage mit Urin.

Der Körper kann unterschiedlich lange massiert werden, von 20 Minuten bis zu Stunden. Für längere Massagen benutzen Sie besser zwei Schalen. Falls der Urin in der ersten Schale schmutzig wird, können Sie sauberen aus der zweiten Schale nehmen. Die kreisförmigen Streichbewegungen führt man sanft und immer in Richtung des Herzens aus. Das heißt, daß man den Körper vom Kopf zum Herz und von den Füßen zum Herzen hin massiert. Dabei gehört besonders viel Aufmerksamkeit den Fußsohlen und Händen, Kopf, Gesicht, Rücken und den Stellen, in denen sich Lymphdrüsen befinden, wie in den Leisten und den Achselhöhlen.

Lassen Sie den Urin dann mindestens eine Stunde lang einziehen. Danach mit warmem Wasser alles abspülen. Verwenden Sie dafür aber bitte keine Seife! Man riecht ganz sicher nichts mehr vom Urin, wenn Sie Ihren Körper zum Schluß mit einem Hautöl oder einer Körperlotion (aus natürlichen Produkten) eincremen.

Sie können den Urin selbstverständlich auch auf der Haut lassen, ohne ihn abzuwaschen. Wenn alles wirklich gut einmassiert wurde, nimmt die Haut den Geruch total auf, so daß man nichts oder nicht mehr viel riecht. Der Ammoniakgeruch verdampft schon nach einigen Minuten von selbst, und so kann man höchstens am Haaransatz noch etwas wahrnehmen.

Für was Sie sich auch entscheiden – nachdem Sie sich erst mal daran gewöhnt haben, gibt es Ihnen ein gutes, lebendiges Gefühl.

2. Kompressen mit Urin

Erwärmen Sie den Urin, indem Sie das Gefäß oder die Flasche mit altem Urin in einen Topf mit heißem Wasser stellen. Nehmen Sie nun ein Tuch, ein Stück Binde oder Stoff und tauchen es in den warmen Urin. Legen Sie es auf das zu behandelnde Körperteil.

Man kann auch eine Kompresse mit Urin und Erde herstellen. Dafür eignet sich sowohl alter als auch frischer oder frischer, gekochter Urin, der mit etwas Erde vermischt wird und für etwa eine Stunde, auf den entsprechenden Körperpartien aufgetragen, wirken kann. Länger ist das natürlich auch möglich. Die Kompressen lassen sich einfach mit neuem aufgewärmtem Urin erfrischen.

Kompressen wendet man an, wenn die Haut offen, sehr gereizt oder stark geschwollen ist.

Bei Hämorrhoiden und Geschwülsten sind gleichzeitige Kompressen auf After und Unterbauch sehr effektiv.

Bei Hautkrankheiten wie *Psoriasis* (Schuppenflechte) kann ein Gemisch aus Urin und Erde direkt auf die Haut aufgetragen werden.

Zur Heilung von Wunden, auch bei sehr großen und tiefen Verletzungen, ist diese Methode wirklich unterstützend. Ich habe ja schon vorher in diesem Buch über meine eigene sehr gute Erfahrung mit der Behandlung der Wunde an meinem Zeh berichtet. Seitdem habe ich auf Reisen und im Urlaub immer ein Fläschchen mit altem Urin dabei als „Erste(s)-Hilfe-Mittel" für Wunden.

Die Anwendung der Urin-Therapie

3. Massage mit frischem Urin

Für jeden, der Wert auf eine schöne Haut und ein gesundes Aussehen legt, empfiehlt es sich, täglich frischen Urin auf die Haut zu massieren, am besten morgens und abends. Das ist das Geheimnis von Filmstars und mancher Schönheitskönigin. Morgens, nach dem Duschen, kann man sich schnell mit Urin einreiben.

Auch als After-Shave eignet es sich hervorragend. Sollte man später doch noch etwas vom Urin riechen, können Sie eine natürliche Hautcreme oder Körperlotion benutzen.

Ich selbst massiere mich vor dem Duschen gründlich mit frischem Urin ein, besonders Gesicht und Haare. Die Haut wird schön glatt und die Haare bekommen einen gesunden Glanz.

4. Fuß- und Sitzbäder

Fußbäder mit aufgewärmtem, altem Urin helfen ausgezeichnet bei Frostbeulen, Fußpilz und anderen Beschwerden der Füße. Sie fördern auch den Blutkreislauf und durch die Reflexzonen wirken sie auf den gesamten Körper.

Sitzbäder sind zu empfehlen bei Beschwerden der Geschlechtsteile oder des Afters, z. B. bei Hämorrhoiden.

Sowohl alter und aufgewärmter als auch warmer, frischer Urin werden für beide Bäderarten verwendet. Falls Sie ein Sitz- oder Fußbad nehmen möchten, sammeln Sie den gesamten Urin eines Tages, bis Sie damit eine passende Schüssel halb füllen können. Sie können den Urin auch mit Wasser verdünnen, um eine größere Menge zu bekommen.

5. Haar- und Kopfhautbehandlungen

Urin ist ein fantastisches Mittel bei Schuppen, leblosem und stumpfem Haar und sogar bei Haarausfall und Glatze. Dabei wird alter Urin kräftig, aber mit Gefühl in die Kopfhaut einmassiert. Nehmen

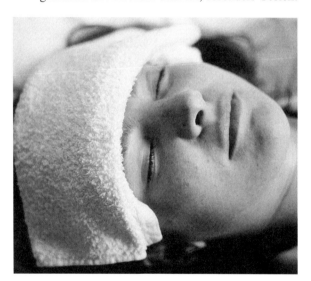

◀ Urin-Kompresse

Sie sich wirklich Zeit, sich um Ihre Haare und damit auch um sich selbst zu kümmern. Nach einer Einwirkzeit von einer halben bis zu einer Stunde spült man alles wieder aus, ohne Seife oder Shampoo zu verwenden. Der Effekt erhöht sich, wenn man den Urin nicht auswäscht; jedoch lassen das die Umstände nicht immer zu.

Durch diese Methode fingen meine Haare auf einer beinahe kahlen Stelle meines Kopfes wieder an zu wachsen. Das ist natürlich keine Garantie für ein neues Wundermittel, denn schließlich hängt Kahlheit mit verschiedenen Faktoren zusammen, die nicht immer nur mit der Kopfhaut zu tun haben.

Sie können aber sicher sein, daß die Haare kräftiger und schöner werden. Menschen, die ihre Urin-Therapie auf diese Weise angewandt haben, behielten oft bis ins hohe Alter ihre ursprüngliche Haarfarbe, ohne Spuren von grauen Haaren.

Frischer Urin hat eine geringere Wirkung bei Haarausfall oder Kahlheit, doch reinigt und pflegt er die Haare. Ich selber bewahre mir häufig etwas Morgenurin auf, mit dem ich dann Haar und Kopfhaut reinige. Resultat: Das Haar ist immer sauber, glänzend und schön.

4.4 Warnungen und Richtlinien

Warnung

Die Urin-Therapie sollte NICHT angewandt werden bei gleichzeitigem Gebrauch nicht natürlicher, allopathischer Medikamente und bei Einnahme von Drogen. Diese Kombinationen könnten gefährlich für Ihre Gesundheit sein.

Wichtig

Wie jede andere natürliche Heilmethode kann auch die Urin-Therapie eine sogenannte Heilreaktion erzeugen. Was bedeutet das genau?

Wenn man den Urin eine Weile eingenommen hat – ob einen Tag, eine Woche oder einen Monat ist bei jedem individuell verschieden –, entgiftet sich der Körper. In dieser Periode werden alle Giftstoffe und Krankheiten wieder freigesetzt, die sich im Körper befinden, und das kann bis zu frühen Kinderkrankheiten zurückgehen. Es gibt nur ein paar Wege, diese Giftstoffe loszuwerden, nämlich durch die Haut, den Darmkanal, den Atem oder durch den Mund und die Nase. (Wie schon beschrieben, spielen die Nieren während der Entgiftung eine untergeordnete Rolle. Sie versuchen, die gesunde Balance im Blut aufrechtzuerhalten.)

Es kann zu erhöhter Temperatur oder Fieber kommen, wenn der Körper z. B. Viren bekämpft.

Typische Symptome, die während einer Heilreaktion auftauchen können, sind beispielsweise Ausschlag, Schweißausbrüche, Pickel, Durchfall, Erbrechen, Kopfschmerzen oder Hustenanfälle. Normalerweise halten sich diese Symptome für ein paar Stunden bis zu einigen Tagen. Nach dieser Krise fühlt man sich besser und viel gesünder.

Bei diesem natürlichen Prozeß empfiehlt es sich eigentlich nicht, mit der Urin-Therapie aufzuhören. Wenn Sie es möchten, können Sie die tägliche Menge Urin natürlich etwas reduzieren und die Kur für eine Weile weniger intensiv fortsetzen. Auch hier gilt, daß jeder Mensch anders empfindet, und es darum wichtig ist, gut auf den eigenen Körper zu hören. In besonderen Fällen kann es vielleicht nützlich sein, die Harn-Behandlung für eine Zeit zu unterbrechen und dem Körper Ruhe zu gönnen.

Die Anwendung der Urin-Therapie ist nicht an eine bestimmte Dosis gebunden, d. h., man kann keine Überdosis nehmen. Es ist aber erkennbar, daß die Menge des Urins, die man einnimmt, im Zusammenhang steht mit der Stärke der möglichen Heilreaktion (dem Entgiftungs-Prozeß) und ebenso mit der Geschwindigkeit der Besserung.

Hier folgen nun einige praktische Richtlinien für die Anwendung der Urin-Therapie. Nochmals: Dies sind allgemeine Richtlinien und Ihre eigenen Erfahrungen zeigen Ihnen am sichersten, was gut für Sie ist und was nicht. Manche werden ihren Urin als stark und unangenehm empfinden oder reagieren mit einer heftigen Heilreaktion. Andere wiederum, und das sind erfahrungsgemäß die meisten, haben keine Probleme und erhalten mit dieser Therapie die positiven Resultate, wie z. B. ein größeres Energiepotential, bessere Gesundheit und mehr Lebensfreude.

Bei jeder Form der inneren Anwendung des Urins gibt es folgendes zu beachten:

1) Beginnen Sie nicht mit der Urin-Therapie, wenn Sie noch einer medizinischen Behandlung – gleich welcher Art – folgen. Es müssen dann mindestens zwei Tage zwischen dem Ende der medizinischen Behandlung und dem Anfang der Urin-Therapie vergangen sein.

2) Menschen mit einer Leber-, Nieren- oder Herzkrankheit, die Probleme bei der Aufnahme von Eiweiß und Wasser haben (wenn z. B. Gewebe in den Beinen, Armen oder im Bauch von Wasser geschwollen ist), rate ich, erst einen guten Therapeuten oder Arzt aufzusuchen, bevor sie mit der Urin-Therapie beginnen. Das gilt auch für Menschen mit erhöhtem Blutdruck. Doch sprechen Sie möglichst mit jemandem, der offen für die von Ihnen gewählte Behandlungsmethode ist.

3) Mit Urin, in dem sich Eiter befindet, empfiehlt es sich, vorsichtiger umzugehen. Nur Menschen mit sehr viel Erfahrung behandeln Nieren-, Blasen- oder Harnleiterentzündungen vollständig mit der Urin-Therapie. Andere wählen in solchen Fällen besser die Methode, bei der man nur ein paar Tröpfchen auf die Zunge gibt.

4) Eine eiweiß- und salzarme Diät ist ratsam, wenn man die intensivere Form der Urin-Therapie anwendet (d. h. bei der Einnahme von drei oder mehr Gläsern pro Tag). Vorverarbeitete, raffinierte oder synthetische Nahrung, z. B. Zucker, weißes Mehl, Konserven usw., sollte gemieden werden.

Kräuter, also auch Kräutertees, können dem Urin einen scharfen und bitteren Geschmack geben, wodurch es vielleicht schwieriger werden wird, ihn zu trinken.

Manche Urin-Therapeuten raten, Milch vom Speiseplan zu streichen. Dies vor allem mit Blick auf unnatürliche Zusätze und Verarbeitungen, denen Milchprodukte heute ausgesetzt sind. Außerdem produziert Milch viel Schleim im Körper. (Mehr darüber in Kapitel 4.5 über den „Einfluß der Nahrung".)

5) Der Konsum von Alkohol, Tabakwaren oder Koffein sollte auf ein äußerstes Minimum reduziert werden. Die Urin-Therapie funktioniert am sichersten, wenn Ihre Diät frei ist von Alkohol, Tabakwaren, Kaffee, „Fast Food" und Fleisch.

6) Eine Heilreaktion oder eine Erstverschlimmerung, so sagt man, ist ein Zeichen dafür, daß der Körper sich reinigt und von Giftstoffen befreit. Sie tritt auf, wenn der Körper tiefliegende Giftstoffe abbaut und absondert, die unser normales Ausscheidungssystem nicht bewältigen würde. Er benutzt dann andere Methoden, sich von diesen Substanzen zu befreien, und dieser Vorgang kann ungewohnte Reaktionen zur Folge haben. Hierzu einige Symptome, die in einer solchen Situation vorkommen können, sowie die Art und Weise, wie man mit ihnen umgehen kann.

a) Durchfall: Einen Tag lang fasten und viel Ruhe ist wahrscheinlich die beste Hilfe. Um nicht auszutrocknen (dies gilt besonders für Länder mit einem warmen Klima) ist es wichtig, abkochtes Wasser zu trinken, pur oder mit Zitronensaft. Auch das Wasser, in dem Reis gekocht wurde, ist zu empfehlen. So bekommen Giftstoffe, die durch die Urin-Therapie gelöst wurden, eine größere Chance, ihren Weg nach draußen zu finden. Am zweiten Tag kann man etwas Reis oder Joghurt essen. Geht alles gut, sind die Beschwerden am dritten Tag wieder verschwunden. Hat man während dieser Tage mit der Urin-Therapie aufgehört, so kann man jetzt wieder damit beginnen.

b) Hautausschlag, Pickel usw.: Bei beginnenden Beschwerden reiben Sie die betreffenden Hautstellen mit altem oder frischem Urin ein, lassen ihn ein bis zwei Stunden einwirken und spülen ihn mit Wasser ab. Ist das nicht genug, kann man Kompressen auflegen. Drücken oder stechen Sie Pickel oder Bläschen nicht auf, da bei nicht sachgemäßem Vorgehen leicht Entzündungen entstehen. Durch eine gründliche Behandlung ist nach spätestens drei bis sieben Tagen kein Pickel mehr zu sehen.

c) Erbrechen, Übelkeit: Dazu kann es besonders bei Fieber, Gelbsucht und einigen anderen Krankheiten kommen. Der Urin riecht und schmeckt dann stark und unangenehm. In solchen Fällen kann es manchmal viel Überwindung kosten, den Harn zu trinken. Nimmt man ihn aber trotzdem so

Die Anwendung der Urin-Therapie

oft wie möglich zu sich, wird er bald dünner und bekommt einen angenehmeren Geschmack. Das Erbrechen ist insoweit gut, als es den gesamten Magen reinigt. Sie brauchen sich also keine großen Sorgen zu machen. Nach dem Erbrechen ist die Spannung meistens weg, und man fühlt sich besser. Erbricht man sich aber, ohne daß sich etwas im Magen befindet, sollte man sich professionelle Hilfe holen. Nach dem Erbrechen von Urin gönnen Sie sich am besten etwas Ruhe und trinken eventuell leichte Flüssigkeiten, wie z. B. Wasser mit Zitronensaft.

d) Leichtes Fieber: Manchmal entsteht ein leichtes Fieber, dessen Ursprung unbekannt ist. Der Körper versucht dann, die freigekommenen Giftstoffe zu verbrennen. Fieber ist eigentlich eine gründliche Art des Körpers, unerwünschte Stoffe loszuwerden. Man kann in einem solchen Fall die tägliche Dosis Urin verkleinern (ist abhängig von der Höhe der Temperatur). Ruhe ist sehr wichtig. Wenn es nötig ist, kann man die Urin-Therapie zeitweise unterbrechen, bis die Temperatur wieder gesunken ist.

e) Husten und Erkältung: Während eines Reinigungsprozesses ist es für den Körper mitunter notwendig, überflüssigen Schleim aus den Lungen und den Atemwegen abzuführen. Kommt sehr viel Schleim frei, kann man die Urinmenge verringern oder für eine Zeit ganz weglassen. Es empfiehlt sich dann, den Harn durch die Nase zu ziehen. Dies befreit den oberen Teil der Atemwege. Milch und Milchprodukte vermeidet man besser. Dasselbe gilt auch für alle anderen schleimproduzierenden Nahrungsmittel, z. B. die mit vielen Fetten und Kohlenhydraten.

f) Allgemeines Schwächegefühl: Dieses Gefühl kann den Anstrengungen folgen, die der Körper unternehmen muß, um den Überschuß an Giftstoffen auszuscheiden. Hier gönne man sich viel von der Entspannung und Ruhe, die man benötigt.

7) Striktes Fasten kann für manche Menschen zu extrem sein, vor allem dann, wenn sie seit längerer Zeit an chronischen Krankheiten leiden. Dann ist es empfehlenswert, Schritt für Schritt mit der Urin-Therapie anzufangen, z. B. mit einer Fastenkur, die eine Mahlzeit pro Tag beinhaltet. Für jeden gilt: Besser alles etwas langsamer angehen, als sofort fortgeschrittene Praktiken auszuführen.

8) Bei manchen Krankheiten wird der Urin dickflüssig und hat einen scharfen, unangenehmen Geschmack. Trotzdem ist es ratsam, diesen Urin einzunehmen, auch wenn die Hemmschwelle höher ist. Dickflüssiger und spärlicher Urin kann wichtige Mineralsalze und andere wertvolle Substanzen beinhalten. Am besten können Sie diesen Urin mit Wasser verdünnen und herunterspülen.

9) Schwangere Frauen können die Urin-Therapie unter den folgenden Bedingungen anwenden: Der erste Morgenurin sollte NICHT getrunken werden. Nach der Einnahme von Wasser, Tee oder Milch kann man dann den zweiten oder dritten Urin des Tages trinken. In jedem Fall ist es wichtig, daß er eine helle Farbe hat, nicht scharf oder bitter schmeckt und nicht zu konzentriert ist.

10) Frauen können ihren Urin auch während

ihrer Menstruation trinken. Viele empfinden dieses aber als nicht besonders angenehm. Dann ist es günstiger, die Urin-Therapie für ein paar Tage zu unterbrechen. Es ist immer besser, selbst zu schauen, was sich gut anfühlt und was nicht, und danach zu handeln.

11) Jeder Mensch ist anders und darum ist es nicht gesagt, daß die Erfahrungen einer anderen Person, z. B. von jemandem, den Sie kennen, auch für Sie zählen. Alter, Verfassung, körperlicher Zustand, Eßgewohnheiten und eventuelle Krankheiten bestimmen Ihren individuellen Weg. Es führen immer alle Wege zum Ziel, auch in Sachen Gesundheit.

4.5 *Der Einfluß der Nahrung und anderer Faktoren*

Alles, was wir essen und trinken, hat eine Wirkung auf unseren Körper und damit auch eine Wirkung auf unseren Urin. Je gesünder die Ernährung ist, die Sie zu sich nehmen, desto besser wird Ihr Urin schmecken. Die Urin-Therapie allein wird keine Wunder zustande bringen. Wenn Sie Ihrem Körper nicht die essentiellen, die natürlichen und ausgewogenen Nährstoffe geben, die er braucht, verfügt er nicht über das Material, um Ihnen eine gute Gesundheit zu ermöglichen.

Wenn Sie gesund und ausgewählt essen, enthält auch Ihr Urin viele dieser Nährstoffe. Und indem Sie Ihren Urin trinken, können diese notwendigen Substanzen noch einmal gebraucht werden. Der Körper kann andererseits ein Defizit bestimmter Nährstoffe erreichen, werden diese nicht durch ein umfassendes Nahrungsspektrum angefüllt. Entsteht ein solcher Mangel, können auf lange Sicht Krankheiten und andere Beschwerden entstehen.

Wie können wir dieser Entwicklung zuvorkommen? Woher erhalten wir diese essentiellen Nahrungssubstanzen?

Wie ich schon angesprochen habe, hat alles, was wir auf oder in unserem Körper deponieren, einen Effekt auf die Art und Weise, wie unser Körper funktioniert und wie leistungsfähig er ist. Er ist nicht dafür geschaffen, die vielen schädlichen Zusätze, denen wir heutzutage ausgesetzt sind, zu verdauen und zu absorbieren. Die chemischen Produkte und die Strahlungen, die unserem Essen hinzugefügt werden, lassen einen nicht unerheblichen Schaden in unserem Körper zurück.

Ein empfehlenswertes Nahrungspaket besteht aus frischem Gemüse, Obst, Vollkorn-Produkten, Samen, Nüssen, Bohnen, natürlichen Süßstoffen (z. B. Honig) und einem beschränkten Anteil an Milchprodukten.

Eine Kost mit alkalischer Wirkung ist besonders ratsam. Beispiele dafür sind Möhren und Rote Bete. Persönliche Erfahrungen haben gezeigt, daß Möhren als Hauptbestandteil des Abendessens dem Urin am nächsten Morgen praktisch einen neutralen Geschmack verleihen.

Es gibt noch weitere Punkte, die Ihre Ernährung betreffen und die Zusammensetzung des Urins beeinflussen. Wie schon besprochen, ist es gut, während der Anwendung der Urin-Therapie eine vegetarische Diät einzuhalten. Das heißt, wenn möglich auf den Verzehr von Milch- oder Fleischprodukten zu verzichten oder zumindest deren Konsum auf ein Minimum zu beschränken – vor allem dann, wenn Sie die Therapie über einen längeren Zeitraum anwenden wollen oder mehrere Gläser Urin pro Tag trinken.

Menschen, die noch (viel) Fleisch essen, sollten besonders vorsichtig sein, wenn ihre Nieren nicht gut funktionieren. Viel Fleisch erhöht die Urea-, Stickstoff- und Harnsäurekonzentration sowie die Ansammlung anderer (saurer) Stoffe im Urin, was in dieser Menge und bei erneuter Einnahme nicht besonders gesund ist. Ein Überschuß solcher Stoffe im Blut führt zu einem erhöhten Säuregehalt. Der Körper „versauert" und wird anfälliger für Krankheiten. Zusätzlich bekommt der Urin einen äußerst unangenehmen Geschmack.

Außerdem möchte ich von Produkten aus Weißmehl, raffiniertem Zucker und weißem Reis abraten, denn diese Nahrungsmittel übersäuern ebenfalls das Blut und den Körper. Vermeiden Sie möglichst jede Kost, die verarbeitet und bestrahlt ist oder künstliche Farb-, Geschmacks- oder Konservierungsstoffe enthält.

Eine Diät kann so individuell sein, wie Sie selbst es sind. Experimentieren Sie darum ruhig ein wenig und sehen Sie, welche Nahrung am besten zu Ihnen und Ihrem Lebensstil paßt und gleichzeitig für einen optimalen Energiehaushalt sorgt.

Da es beinahe unmöglich geworden ist, alle Giftstoffe zu vermeiden, wird es immer wichtiger, für die Gesundheit eine zusätzliche Vorsorge zu treffen. Viel Entspannung, als Ausgleich zum täglichen Streßprogramm, tut auf jeden Fall gut. Frische Luft und reines Wasser sind lebenswichtig für unsere Gesundheit. Leider ist es nicht mehr so einfach, sauberes Wasser zu erhalten. Aus der Leitung kommt es „voll" mit Fluoriden, Chlor und Aluminium, um nur einige Stoffe zu nennen. Es empfiehlt sich, sauberes, hochwertiges Wasser aus Flaschen oder Kanistern zu gebrauchen, besonders, wenn man es trinken will. Praktisch ist auch ein guter Wasserfilter.

Die Sache mit der frischen Luft ist etwas komplizierter, es gibt sie schließlich (zum Glück!) nicht in Flaschen oder Kanistern zu kaufen. Aber warum nicht täglich einige Zeit in der Natur verbringen? Körperbewegung (in Maßen) ist wichtig; sie erhöht u. a. den Herzschlag, stimuliert den Kreislauf und stärkt die Muskeln. Es gibt zahlreiche Möglichkeiten, sich in Schwung zu bringen. Ideal ist es, wenn die Leibesübungen zum festen Bestandteil Ihres Tagesplans werden, Sie dabei Spaß haben und sich an Ihrem Körper erfreuen. Selbst wenn Sie jeden Tag etwas anderes machen, werden Sie den Nutzen davon spüren.

Schon einige Male habe ich hingewiesen auf die heilsame und nährende Wirkung des Urins, der auf die Haut aufgetragen wird. Er wirkt reinigend und regenerierend. Nach der Massage können Sie zur zusätzlichen Pflege eine natürliche Körperlotion oder ein gutes Hautöl verwenden (mit ein paar Tropfen ätherischem Öl gemischt, erhält man einen angenehmen Duft). Synthetische Körperlotionen, Cremes usw. vermeidet man besser. Die Haut ist immerhin auch ein Organ, ein sehr großes sogar, durch das gute, aber auch schlechte Stoffe in Ihren Körper aufgenommen werden.

Ich selbst brauche keine Seifen oder Shampoos mehr. Urin reinigt hervorragend. Darüber hinaus benutze ich es nach dem Rasieren als alternatives „After-shave". Vielleicht haben Sie auch Lust, einfach mal auszuprobieren, wie es ist, ohne ihre bisherigen Waschsubstanzen zu leben? Trotz aller Richtlinien und Ratschläge bleibt es aber immer wichtig, daß Sie für sich selbst genau wissen, was Sie tun und warum Sie es tun. Nehmen Sie sich die Zeit, und schöpfen Sie ruhig den Mut, etwas auszuprobieren, wenn Sie denken, daß es das richtige für Sie sein könnte. Versuchen Sie beispielsweise zu fühlen und zu prüfen, was eine bestimmte Methode bei Ihnen bewirkt oder für Sie bedeutet. Beobachten Sie gut, ob sie funktioniert; vielleicht tut sie das gar nicht. Und bleiben Sie vor allem immer in Kontakt mit Ihren Gefühlen und Ihrem Körper. Es ist nicht die Urin-Therapie, die Sie heilt oder vitaler macht. Letztendlich sind Sie es selbst. Die Urin-Therapie ist dabei ein äußerst wirksames Hilfsmittel – vor allem dann, wenn Sie sie mit viel Aufmerksamkeit, Sorgfalt und Liebe für sich selbst anwenden.

4.6 Oft gestellte Fragen (und ihre Antworten)

1) Ist Urin nicht ein Abfallprodukt, das vom Körper ausgeschieden wird, weil es giftig ist?
Die Behauptung, daß Urin ein giftiger Abfallstoff ist, beruht auf keinerlei Fakten. Wissenschaftlich ist nachweisbar, daß Urin, neben dem Hauptbestandteil Wasser, wesentlich aus Mineralien, Hormonen und Enzymen besteht, die nicht schädlich für den Körper sind. Viele dieser Stoffe kann der Körper erneut gebrauchen.

Urin ist nichts anderes als ein Filterprodukt des Blutes. Was eben noch im Blut war, befindet sich wenig später im Urin. Dabei werden bestimmte Stoffe durch die Nieren so gefiltert, daß sie in der neuen Form sofort wieder vom Körper aufgenommen werden können.

Die Nieren bearbeiten pro Tag ungefähr 1700 Liter Blut. Der größte Teil des bereits ausgefilterten Produktes, der sogenannte „Primärharn", wird sofort wieder vom Blut aufgenommen. Überschüssige Substanzen und Endprodukte des Stickstoff- und Eiweißstoffwechsels bilden, zusammen mit Wasser, ein bis zwei Liter Urin, die ausgeschieden werden.

Die Nieren sind nicht damit „beauftragt", die Giftstoffe aus dem Körper zu entfernen. Diese Arbeit übernehmen im Prinzip die Leber und der Darm, die Haut und die Ausatmung. Natürlich gelangt das, was wir essen, ins Blut und von da aus in den Urin. Es ist also wichtig, gesund und gut zu essen und zu trinken. Das hat eigentlich nicht direkt mit der Urin-Therapie zu tun, spielt aber in ihrer Anwendung eine große Rolle.

Auch wenn man annimmt, daß sich doch sogenannte „Giftstoffe" im Urin befinden, bedeutet dies aber nicht unbedingt, daß solche Giftstoffe bei der Einnahme auch schädlich für den Körper sind. Wenn es natürliche Abfallprodukte des Körpers sind (also keine chemischen, wie z. B. beim Gebrauch von Medikamenten), kann er diese gebrauchen, um im Falle einer Krankheit Antistoffe herzustellen. Insofern haben sie eine homöo- oder isopathische Wirkung. Der Urin enthält alle Informationen über den Zustand des Blutes und des Körpers. Wenn diese Nachrichten wieder in den Körper gelangen, kann dieser entsprechend reagieren. Er ist also ein sehr entgegenkommendes und intelligentes System. Bei den Tieren sehen wir, wie so etwas funktioniert: Kein einziges Tier ist durch sein eigenes „Gift" gefährdet, und sie können ohne Probleme ihre eigenen Wunden lecken.

Es ist wichtig, daß der Körper noch lange nicht alle konsumierten Stoffe durch die Gedärme aufnimmt. Er selektiert, was für ihn nutzvoll ist und was nicht. Alles andere verläßt den Körper durch die Ausscheidungen. Bestimmte Stoffe werden von Bakterien, die sich in den Därmen befinden, in andere Stoffe umgesetzt, die der Körper in dieser Form besser aufnehmen oder gebrauchen kann. Das ist z. B. bei Urea (Harnstoff) der Fall.

Manche fragen, ob Urea irgendwelche Vergiftungserscheinungen verursachen kann. Doch es ist nur dann giftig, wenn es in großen Mengen in die Blutbahnen gerät. Wenn man seinen Urin trinkt, erhält man nur eine relativ kleine Menge dieser Stickstoffverbindung. Sie gelangt auch nicht direkt ins Blut, sondern erst in die Darmkanäle. Urea wirkt vor allem sehr reinigend. Und später kommt der größte Teil nicht als Urea ins Blut, sondern wird in den für den Körper sehr nutzvollen Baustoff Glutamin umgesetzt.

2) *Befinden sich schädliche Bakterien oder Krankheitserreger im Urin?*

Der Urin ist bei 90 von 100 Menschen praktisch frei von Bakterien, was von Ärzten und Pathologen bestätigt werden kann. Grund dafür ist die einfache Tatsache, daß Urin mit keinen zusätzlichen Schadstoffen in Berührung kommt, bis er ausgeschieden wird, daneben aber Substanzen beinhaltet, die eine bakterientötende Wirkung haben.

Im Falle der restlichen 10 Prozent wurden Mikroorganismen gefunden. Vorkommen kann das bei einer schlummernden Krankheit oder bei einer Infektion der Nieren oder der Harnwege.

Weist Urin eine bestimmte Menge Mikroorganismen auf, kann man ihn aber dennoch beruhigt trinken. Schließlich nehmen wir auch sonst beständig Bakterien auf: durch unser Essen, unsere Getränke und nicht zuletzt durch die Luft, die wir einatmen. In unserem Körper befindet sich permanent eine ganze Ansammlung von Bakterien, durch die wir in der Regel auch nicht krank werden.

Allerdings ist Vorsicht geboten, wenn man an Nieren-, Blasen- oder Harnleiterentzündungen leidet. In einem solchen Fall kann die Menge der Bakterien im Urin relativ hoch sein. Es ist möglich, daß man sogar Eiter im Urin erkennen kann. Manche Urin-Therapeuten, wie z. B. Armstrong, schreiben auch hier das normale Rezept vor: Alles trinken, was ausgeschieden wird.

Harn ist in der äußeren Anwendung ein sehr gutes keimtötendes Mittel. Frisch ist er steril und eignet sich darum sehr gut zur Säuberung von Wunden. Ist er alt, enthält er Ammoniak und andere Stoffe, die dafür sorgen, daß Infektionen und Fäulnisprozessen vorgebeugt wird.

3) *Wenn Urin so nützlich und gut für den Körper ist, warum wird er dann überhaupt ausgeschieden?*

Wir können das vergleichen mit dem Damm eines Flusses. Wenn das Wasser über eine bestimmte Höhe steigt, strömt das überschüssige durch eigens dafür entworfene Schleusen ab. Dies bedeutet aber nicht, daß es nun keinen Nutzen mehr hat. Auf die gleiche Art und Weise kann im Körper jederzeit ein Überschuß an Wasser und Salzen entstehen, die den Körper dann durch die Nieren verlassen. Wenn man mehr Wasser trinkt, entsteht mehr Urin, wenn man jedoch weniger Wasser zu sich nimmt, entwickelt sich auch weniger Harn. Jeder weiß das aus eigener Erfahrung.

Die Natur arbeitet in Kreisläufen. Das gibt der Materie die Chance, zu den Ausgangspunkten zurückzukehren, um dann wieder zum Aufbau gebraucht zu werden. Die Filterung, die durch die Nieren vorgenommen wird, bringt viele Substanzen (die in zusammengestellter Form noch im Blut fließen) zu den ursprünglichen Baustoffen zurück. So können diese wieder einfach vom Körper aufgenommen werden.

Ich möchte dies nochmals am Beispiel des Baumes verdeutlichen. Diesem wachsen Blätter, die nach einiger Zeit wieder abfallen. Er kann die abgefallenen Blätter in dieser Form natürlich nicht sofort wieder aufnehmen. Sie liegen auf dem Boden und faulen, d. h. sie verändern sich wieder in ihre ursprünglichen Baustoffe, sickern in den Boden und werden so gefiltert. Schließlich nimmt der Baum sie, zusammen mit dem in der Erde befindlichen Wasser, wieder auf. Es wurde nachgewiesen, daß ein Baum, dessen Blätter einfach auf dem Boden liegen blieben oder mit Erde vermischt wurden, viel besser wächst, als der, dessen Laub weggefegt oder der sogar künstlich gedüngt wurde. Die Natur besitzt eine unfehlbare Kapazität, was Recycling betrifft, und die Urin-Therapie ist ein leider in Vergessenheit geratenes Beispiel dafür.

In der Einleitung des Buches beschrieb ich, daß wir alle, als Fötus in der Gebärmutter, diesen Urin-Kreislauf mitgemacht haben. Beinahe neun Monate lang haben wir alle unseren eigenen Urin in Form des Fruchtwassers getrunken. Schon damals war es diese Flüssigkeit, die einen sehr entscheidenden Beitrag zum perfekten Aufbau unseres Körpers lieferte. Wir tun also mit dem Trinken unseres eigenen Urins nichts, was unserem Körper wesensfremd wäre. Im Gegenteil, es ist eine Grundlage unserer Entwicklung.

4) Wenn das Trinken des eigenen Urins so natürlich und nützlich ist, warum hat die Natur den Menschen nicht mit einem Instinkt ausgestattet, das ganz selbstverständlich zu tun?

Im Laufe der Zeit haben rationales und materielles Denken viele natürliche Instinkte des Menschen absolut unterdrückt. Tiere z. B. vermeiden jegliche Nahrungsaufnahme, wenn sie krank sind. Viele Krankheiten könnten auf diese Art schnell heilen. Der Körper benötigt eine Menge Energie, um die Nahrung zu verdauen. Wenn man also im Falle einer Krankheit nichts essen würde, könnte der Körper diese Kräfte für den Heilungsprozeß einsetzen.

Wir Menschen dagegen essen ganz normal weiter, auch wenn wir nicht gesund sind. Oft wird uns dann ausdrücklich angeraten, besonders gut zu essen, auch wenn wir keinen Hunger haben.

Von Tieren wissen wir, daß sie im Falle einer Krankheit oder Verletzung instinktiv ihre eigenen Körperflüssigkeiten gebrauchen. Wenn sie z. B. ihre Wunden lecken, säubern sie diese nicht nur, sondern geben damit auch ein Signal. Der Körper kann dann auf diese „Eigeninjektion" reagieren. Ziegen beispielsweise können manchmal sogar beobachtet werden, wie sie sich direkt in den Mund urinieren.

Auch auf anderen Gebieten sieht man deutlich, daß wir, was unsere Instinkte betrifft, ziemlich weit vom Wege abgekommen sind. Wer würde aus einem angeborenen Antrieb heraus eine Zigarette rauchen oder Alkohol konsumieren? Der Körper will diese Stoffe überhaupt nicht aufnehmen, doch viele Menschen ignorieren das einfach.

Wir können also davon ausgehen, daß die Natur uns wohl mit einigen Instinkten ausgestattet hat, aber daß wir Menschen den Kontakt mit ihnen verloren haben.

5) Hat die Urin-Therapie nicht nur deshalb einen Effekt, weil eine Veränderung der Eß- und Trinkgewohnheiten vorgeschrieben wird, die dann die eigentliche Heilungsursache ist?

Natürlich hat die Nahrungsaufnahme eines Menschen einen großen Einfluß auf seine Gesundheit. Die Urin-Therapie und eine gesunde Ernährung gehören zusammen. Wie schon gesagt: Im Urin befindet sich nichts, was nicht schon vorher auf die eine oder andere Art eingenommen wurde.

Tatsache ist, daß die Urin-Behandlung auch bei Menschen gewirkt hat, die trotz gesunder Ernährung krank wurden. Weiterhin ist es bemerkenswert, wie schnell sich Verbesserungen bei der Urin-Anwendung einstellen, im Gegensatz zur Dauer des Heilungsprozesses bei der alleinigen Umstellung der Eß- und Trinkgewohnheiten. Die

Therapie hat auch eine sehr gute Wirkung, wenn man nur mit Wasser und Urin fastet. In diesem Fall werden überhaupt keine Nahrungsmittel konsumiert. Eine Woche fasten mit Urin und Wasser hat etwa den gleichen Effekt, den man mit einer Wasser- oder Saftkur in zwei bis drei Wochen erzielen würde.

Es ist also in Sachen Gesundheit grundsätzlich wichtig, was und wie Sie essen oder trinken. Wendet man die Urin-Therapie an und nimmt gleichzeitig ungesunde Nahrung zu sich oder folgt weiterhin eher schlechten Lebensgewohnheiten, so kann man vielleicht lange auf einen wirklichen Erfolg warten.

Über eine gesunde Ernährung und Lebensführung will ich zum Schluß noch sagen, daß es auch hierfür keine eindeutige, für jedermann gültige Regel gibt. Sie ist immer sehr persönlich, und nur Sie selbst wissen irgendwo tief in sich, was gut für Sie ist und was nicht.

6) Hängt die Wirkung der Urin-Therapie nicht vom Glauben daran ab oder von irgendwelchen Suggestionen?
Menschen, die in der Urin-Therapie ihre „letzte Rettung" suchen, haben es oft schon mit allen möglichen Heilmethoden probiert, von der Schulmedizin bis zur Homöopathie, Ayurveda usw. Auch bei den anderen Verfahren gab es den Glauben und die Hoffnung auf Gesundung. Doch viele, die keinen Erfolg mit anderen Heilverfahren hatten, konnten mit der Urin-Therapie geheilt werden, obwohl gerade die besondere Qualität und das Unbekannte dieser Methode viele Menschen anfänglich skeptisch machte.

In Indien habe ich einen Urin-Therapeuten gesprochen, der als Aufseher in einem Nationalpark auch Tiere mit Urin behandelt. Seine Resultate dort kann man als bemerkenswert bezeichnen. In diesem Fall kann man eigentlich nicht von Suggestionen oder dem Glauben der wieder genesenen Tiere sprechen.

Natürlich ist es im allgemeinen wichtig, daß man bei dem gewählten Mittel an die Möglichkeit einer Heilung glaubt. Aber das gilt auch, wenn man sich für eine allopathische oder andere Behandlungsweise entscheidet.

Außerdem muß eine Heilmethode ein anderes Verfahren nicht ausschließen. Natürliche Wege der Behandlung, wie z. B. Homöopathie, Bach-Blüten-Therapie oder Ayurveda, kann man sehr gut mit der Urin-Therapie kombinieren. Die Methoden unterstützen und verstärken sich, wenn sie richtig angewendet werden.

7) Schmeckt Urin denn nicht so ekelig, daß es jedesmal wieder erneut eine Qual ist, ihn zu trinken?
Unser Widerwillen gegen den Urin ist das Resultat von Vorurteilen und Konditionierungen. Wir lernten, daß Urin schmutzig ist. In Wirklichkeit ist der Geschmack des Urins meistens überhaupt nicht ekelig. Oft finden Menschen, die schon längere Zeit ihren Urin trinken, daß der Urin angenehm riecht und schmeckt.

Der Geschmack des Urins ist unter anderem davon abhängig, was oder wieviel man am Tage zuvor gegessen oder getrunken hat. Durch viel tierisches Eiweiß schmeckt er oft intensiver. Das gleiche gilt auch bei kräftigen Gewürzen oder starkem Kräutertee. Auch Stimmungsschwankungen wirken sich aus. Ist der Körper mal aus dem Gleichgewicht geraten (was man gewöhnlich als „krank" bezeichnet), empfindet man den Urin als stärker als unter normalen Umständen.

Will man sich erst langsam an den Geschmack des Urins gewöhnen, kann man den Urin auch mit Wasser oder Fruchtsäften vermischen oder mit einem Löffel Honig verrühren (siehe Kapitel 4.1 „Der erste Schluck").

Geschmack ist natürlich sehr subjektiv. Was der eine gerne mag, behagt dem anderen überhaupt nicht. Darüber hinaus kann er sich auch noch im Laufe der Zeit verändern. Die meisten Menschen, die zum ersten Mal in ihrem Leben Bier oder Wein probieren, mögen das Aroma dieser Getränke nicht. Nach einiger Zeit gewöhnt man sich aber daran und findet es immer besser. Das gleiche gilt zum Beispiel auch bei Oliven oder würzigem Käse. Und was Medikamente betrifft: Es ist doch sehr interessant zu beobachten, daß Menschen bereit sind, sich Säfte und Pillen, die wirklich furchtbar schmecken, „reinzuwürgen", wenn sie vom Arzt verschrieben wurden. Aber warum dann nicht auch mal ausprobieren, seinen Widerwillen zu überwinden und ein Glas Urin zu trinken, der oft einen eher neutralen Geschmack hat?

8) Wenn die Urin-Therapie in der Vergangenheit wirklich so populär war, wie behauptet wird, warum ist sie dann in Vergessenheit geraten? Warum wußte man nicht mehr, wie nützlich sie sein kann?

Mit der kulturellen Entwicklung und dem technischen Fortschritt haben wir uns immer weiter von der Natur entfernt. Dazu gehört auch unser nachlassendes Interesse an natürlichen Heilmethoden, wie z. B. der Urin-Therapie. Der Mensch hat sich in vielerlei Hinsicht von seinem eigenen Körper abgewendet. Und so wurde auch die Urin-Behandlung für viele unzugänglich; man ekelte sich vor den eigenen Körperprodukten.

Außerdem beruht unser gesamtes wirtschaftliches System auf einem Mangelprinzip (es wird weniger produziert als notwendig wäre), und ein Mangelzustand führt zu Abhängigkeiten. Die Urin-Therapie verschafft ihren Patienten eine ziemlich große Unabhängigkeit. Mit dem Medikament „Urin" kann kein Geld verdient werden. Der eigene Harn ist immer gratis und zu jeder Zeit und an jedem Ort verfügbar für denjenigen, der ihn nötig hat.

In einer Welt, in der das Geld über allem steht, kann die Urin-Therapie eine Bedrohung sein für Menschen, die ihr Geld mit der Herstellung oder dem Verschreiben von Arzneien verdienen. Kurzum, die Urin-Therapie fällt aus dem Rahmen des heutigen wirtschaftlichen Systems.

Viele Menschen glauben, daß wir gegenwärtig gesünder leben als früher, und daß wir dies dem Fortschritt der medizinischen Wissenschaft zu verdanken haben. Das ist zum Teil wahr. Und die Kehrseite der Medaille ist, daß wir dafür einen Teil unserer Freiheit und Unabhängigkeit geopfert haben.

Die enormen Anstrengungen der medizinischen Wissenschaft, Fortschritte zu verbuchen, hängen mit der gleichzeitigen Unfähigkeit und dem Scheitern zusammen, Krankheiten wirklich zu heilen. Symptombekämpfung wird großgeschrieben, doch die Ursachen sind dadurch noch nicht behoben. Die Urin-Therapie wirkt wie andere Naturheilverfahren auch sowohl auf die Zeichen als auch auf die Ursachen der Krankheit.

Aber man sollte nicht vergessen, daß auch die Eigenharn-Behandlung nicht DAS Wundermittel ist, durch das alle Beschwerden verschwinden. Krankheiten haben immer auch eine psychische Bedeutung und sind nicht nur physischer Art. Die Gefühls- und Gedankenwelt, sowie die Umgebung eines Menschen spielen eine wichtige Rolle für die Gesundheit. Wer die Urin-Therapie anwendet und von einer Beschwerde befreit wird, nach der Besserung aber wieder in seine alte Lebensweise verfällt (in welcher Form auch immer), kann fast sicher erneute Beschwerden erwarten. Es ist also wichtig, auch andere Faktoren in dem Heilungsprozeß zu beachten.

9) *Wie reagieren Bekannte und Freunde, wenn man erzählt, daß man Urin trinkt? Sollte man es nicht besser verschweigen?*
Alle Körperausscheidungen gelten heutzutage als ein großes Tabu. Wir beschreiben viele Dinge als ekelig, die gerade aus unserem Körper herausgekommen sind.

Wir vergessen dabei, daß dieselben Stoffe vor ein paar Minuten noch ein Teil von uns selbst waren. Jeder weiß, daß man viele Menschen mit den Witzen über ihre Ausscheidungsprodukte direkt zum Lachen bringen kann. Darum erfahre ich auch die verschiedensten Reaktionen, wenn ich meine Geschichte erzähle. Wir haben in diesem Punkt nun einmal alle die gleiche Erziehung gehabt. Obwohl ich die Urin-Therapie natürlich ernst nehme, bevorzuge ich es, mit einer gesunden Portion Humor darüber zu erzählen.

Möchten Sie lieber nicht über die Urin-Therapie sprechen, sie aber trotzdem anwenden, so können Sie das natürlich machen. Sind Sie dann selber von der Wirkung überzeugt, ist die Hemmschwelle leichter zu überwinden, mit anderen Ihre Erfahrungen zu teilen. Vielleicht wird es Ihnen, so wie mir, sogar Spaß machen, darüber zu erzählen. Dann können Sie sicher sein, daß in Ihrer Gegenwart viel gelacht wird. Eine alte Weisheit sagt, daß es gut sei, das Angenehme mit dem Nützlichen zu verbinden. Bei der Urin-Therapie können Sie ganz sicher sein, daß das der Fall ist.

Etwas anders ist es, wenn Sie es problematisch finden, mit Ihrer Familie oder Ihrem Partner darüber zu sprechen. Die Unterstützung aus Ihrem Umfeld ist sehr wichtig und essentiell. Bei auftauchenden Problemen kann eine gute Erklärung Wunder bewirken. Geben Sie ihnen z. B. dieses Buch zu lesen. Schneller, als Sie ahnen, werden dann auch Ihre Angehörigen die Urin-Therapie anwenden.

Und was den Geruch betrifft: Das ist alles halb so schlimm. Mit ein bißchen Sorgfalt merken Ihre Nächsten nichts davon. Urin riecht weniger abstoßend als viele Menschen denken. Es stinkt auf keinen Fall so, wie man das von öffentlichen Toiletten her kennt. Ich selber verwende selber regelmäßig ein „After-shave" und eine „Haarlotion" aus reinem, frischem Urin, und noch nie beschwerte sich jemand. Wenn ich selber einen leichten Hauch Uringeruch um mich herum wahrnehme, dann gebrauche ich ein gesundes, natürliches Hautöl oder eine Creme, die frisch und angenehm riecht, und das Problem ist im wahrsten Sinne des Wortes „verduftet".

Natürlich werden Sie gelegentlich auf Menschen treffen, die es verrückt oder widerlich finden, Urin zu benutzen. Doch es ist Ihre Entscheidung, was Sie wichtiger finden: Gesundheit und Ihr Wohlbefinden oder die Meinung anderer Menschen?

10) Bei welchen Krankheiten hilft die Urin-Therapie und bei welchen nicht? Gibt es auch Gegenanzeigen?

Die Urin-Therapie wirkt im Prinzip bei jeder Krankheit. Man braucht eigentlich keine Diagnose, um die Therapie anzuwenden. Sie ist eine ganzheitliche Behandlung, die auf die Festigung oder Wiederherstellung des Gleichgewichtes im Körper zielt. Weil es endlos viele Möglichkeiten gibt, diese Balance im Körper zu stören, gibt es auch unzählige Variationen von Folgen und damit von Krankheiten. Die Medizin hat diese einfachheitshalber in Kategorien eingeteilt und ihnen Namen gegeben. So lassen sich Dinge besser kontrollieren. Die Urin-Therapie wirkt individuell auf das, was in einer Person aus dem Gleichgewicht gekommen ist und dann viele Formen annehmen kann.

Weil bei der Urin-Behandlung keine weiteren Medikamente nötig sind, ist auch keine Diagnose notwendig.

Da wir aber so sehr an Diagnosen gewöhnt sind, ist es für die meisten von uns wichtig, daß die Krankheit, die wir haben, einen Namen hat. Kennen wir den, können wir eventuell auch noch andere, natürliche Mittel zur Unterstützung verwenden. Im *Damar Tantra* (siehe Kapitel 7) werden oft Kombinationen von Kräutermischungen und Urin empfohlen.

Was eine mögliche Kontraindikation (Gegenanzeige) betrifft, kann gesagt werden, daß die Urin-Therapie im Prinzip immer und überall angewendet werden kann. Keine Krankheit ist ausgenommen. Es gibt wohl einige Fälle, bei denen besondere Aufmerksamkeit und Vorsicht geboten ist, vor allem dann, wenn sich Eiter im Urin befindet. Das bedeutet dann auch, daß sich dort viele Bakterien befinden. In einem solchen Fall ist es besser, erst einmal nur einige Tropfen des Harns einzunehmen, was einen homöopathischen (oder isopathischen) Effekt hat.

Bei chronischen Krankheiten sollte man natürlich den gesamten Gesundheitszustand ständig im Auge behalten, vor allem dann, wenn der Körper schon sehr geschwächt ist. Eine Krankheit wie Diabetes erfordert zusätzliche Beachtung, auch was die begleitende Diät betrifft.

Weiterhin empfiehlt es sich, auf den Säuregrad des Blutes und des Urins zu achten. Bei sehr saurem Blut hat auch der Urin einen niedrigen pH-Wert, was bei der Anwendung zu Irritationen führen kann. Dann ist es wichtig, daß erst der Säuregehalt des Blutes neutralisiert wird, z. B. durch Fasten, andere natürliche Heilmittel oder durch eine eiweißarme und vegetarische Diät.

Außer den möglicherweise auftretenden Erstverschlimmerungen (siehe auch die Besprechung der „Heilreaktionen" in Kapitel 4.4) sind keine Gegenanzeigen bekannt.

11) Warum wird gerade der Morgenurin zum Trinken empfohlen?

Im Morgenurin befinden sich die meisten brauchbaren Substanzen. Das rührt daher, daß sich der Körper nachts, während des Schlafes, in einer tiefen Entspannung befindet. Diese gibt dem Körper die Chance, seine „Wiederherstellungsarbeiten" auszuführen. Die Stoffe, die dabei entstehen, gelangen teilweise in den Urin und können dann, bei einer erneuten Aufnahme, für den Wiederaufbau gebraucht werden. Gerade der Prozeß des Filterns durch die Nieren bildet Abbaustoffe in ursprüngliche Baustoffe zurück.

Im Schlaf werden viele Hormone freigesetzt. Einige sorgen für die tiefe Entspannung, von der eben die Rede war. Das erneute Zuführen dieser Hormone bewirkt dann, daß wir auch im wachen Zustand mehr Ruhe erfahren. Das erspart dem Körper wiederum Energie, da er nicht noch einmal die Hormone herstellen muß.

Im Morgenurin befinden sich Hormone, die die spezielle Aufgabe haben, den gesamten Hormonhaushalt zu regulieren. Eine Bekannte hat zum Beispiel über lange Zeit ihren Menstruationszyklus mit Temperaturmessungen und per Tabelle sehr genau verfolgt, da sie eine Schwangerschaft plante. Sie stellte große Schwankungen und Abweichungen fest. Wie man weiß, ist der Menstruationszyklus in hohem Maße abhängig von den Hormonen. Eines Tages begann sie mit der Urin-Therapie. Seitdem ist ihre Periode völlig konstant und regelmäßig.

12) Sollte man nur seinen eigenen Urin verwenden?

Im Prinzip ist es, besonders bei interner Anwendung, am besten, wenn man nur seinen eigenen Urin gebraucht. Im Falle eines Schockzustandes (wenn jemand nicht mehr in der Lage ist, selbst Harn zu lassen) kann man jedoch ruhig den einer anderen, möglichst gesund lebenden Person verwenden. Dabei nimmt man nach Möglichkeit den Urin eines Menschen des gleichen Geschlechts. In bezug auf die Wirkung ist dies empfehlenswerter, da sich bei Männern andere Hormone im Urin befinden als bei Frauen.

Bei bestimmten Krankheiten scheint es gut zu sein, den Harn von Kindern einzunehmen. Auch der Urin schwangerer Frauen wird für bestimmte Symptome von einigen Therapeuten empfohlen. Aber zu diesem Thema sind noch ausführlichere Untersuchungen notwendig, bevor ich dazu Empfehlungen aussprechen möchte.

Nach letzten Erkenntnissen ist bei der Einnahme von fremdem Urin eine mögliche Ansteckung mit HIV-Viren so gut wie ausgeschlossen.

Für die Massage ist es vollkommen in Ordnung, fremden Urin zu verwenden. Das kann nötig sein, wenn nicht genug eigener Harn der betreffenden Person vorhanden ist. Ansonsten sollte man auch hier den eigenen Urin bevorzugen.

Was die einzelnen Wirkstoffe betrifft, so unterscheidet sich der Urin verschiedener Personen meistens nicht stark voneinander. Darum wirkt der Urin eines anderen fast genausogut wie der eigene. Eigenurin enthält jedoch zusätzlich die körpereigenen Stoffe und vermittelt dadurch wichtige Informationen, die dem Körper helfen, einen Heilungsprozeß zu beschleunigen.

5. Medizinisch-wissenschaftliche Aspekte

Eine Bemerkung vorweg: Dieses Kapitel fällt in bestimmter Hinsicht ziemlich wissenschaftlich aus. Obwohl ich versucht habe, es einfach und deutlich zu halten, ist mir aufgefallen, daß die Informationen für den medizinisch nicht vorgebildeten Leser wahrscheinlich nicht ganz einfach zu lesen sind. Wenn es für Sie zu kompliziert ist, können Sie diesen Teil ruhig überspringen. Schließlich ist Ihre eigene Erfahrung wichtiger als die wissenschaftlichen Aspekte, die damit verbunden sind.

5.1 Auf der Suche nach einer Erklärung

Im Laufe der Jahre hat die Urin-Behandlung immer wieder ihre positive Wirkung bewiesen. Das steht zumindest für die vielen Urin-Therapeuten fest, die damit zum Teil schon jahrzehntelang arbeiten. Die meisten von ihnen haben nie nach einer Erklärung gesucht: Die eigenen Erfahrungen waren einfach ausreichend. Doch seit einiger Zeit besteht größeres Interesse an einer medizinisch-wissenschaftlichen Darstellung. Auf der einen Seite entstand dieses Bedürfnis aus dem Verlangen einiger Urin-Therapeuten, innerhalb der medizinischen Welt gehört zu werden. Sie finden es wichtig, daß auch die Mediziner von der Effektivität dieser Therapie wissen, so daß sie zum Nutzen der Menschheit angewendet werden kann. Und natürlich fragen gerade auch die Ärzte: „Wenn ihr sagt, daß es hilft, dann erklärt uns auch einmal, warum?"

Andererseits sind schon einige Mediziner mit der Urin-Therapie in Kontakt gekommen und haben gute Erfahrungen gemacht. Dies ist ein Grund, das Wie und Warum herauszufinden. Aber das ist keine neue Entwicklung. Der deutsche Kinderarzt Martin Krebs hat Anfang der 40er Jahre erfolgreich viele Patienten mit der Urin-Therapie behandelt und darüber geschrieben (siehe Literaturverzeichnis). Er war damals schon überzeugt davon, daß sich die Urin-Therapie oft als eine effektive Heilweise erwiesen hat, erkannte aber auch, daß andere Ärzte diese Tatsache nur schwer akzeptierten, weil es eben nicht mit dem wissenschaftlichen Dogma übereinstimmte, von dem sie ausgingen.

Um die Urin-Therapie als eine wirksame Heilungsmethode anzuerkennen, versuchen also auch Menschen des medizinischen Lagers Einsichten in ihre Wirkungsweise zu bekommen. Es wird nicht einfach sein herauszufinden, was bei der Urin-Therapie genau im Körper geschieht. Willkürliche, sogenannte *double-blind*- und *cross-over*-Untersuchungen könnten einen Beitrag liefern, sind aber schwer durchführbar. Weder die Patienten, noch die Personen, die die Medizin verabreichen, dürfen dabei wissen, ob sie mit dem Mittel (in diesem Fall also Urin) behandeln oder behandelt werden oder eben nicht. Nur die Leitung der Untersuchung wäre darüber informiert. So ein Verfahren ist mit einer schlichten und neutral aussehenden Tablette natürlich ziemlich einfach, aber mit Urin wird es schon komplizierter.

Obwohl die double-blind- und cross-over-Untersuchungen in der Wissenschaft das höchste Ansehen genießen, um die Effektivität eines Heilmittels oder einer Therapie zu beweisen, ist dies nicht der einzige Weg, den Nutzen einer ausgewählten Behandlungsmethode zu bestimmen. Das kann auch durch eine genaue Observation erreicht werden, d. h. durch regelmäßiges Beobachten und Dokumentieren der Urin-Behandlungen, gestützt von weiteren Untersuchungen darüber, was Urin als therapeutisches Mittel zu bieten hat, bezogen auf die einzelnen Bestandteile und das Totalprodukt.

Für diejenigen jedoch, die an der allgemeinen Effektivität der Harn-Anwendung zweifeln und darum den Nutzen derartiger Untersuchungen nicht verstehen, ist folgendes wichtig: Der größte *Placebo*-Effekt, d. h. die positive Wirkung einer Behandlung, nur weil Menschen daran glauben, daß es hilft (auch wenn dem nicht so ist), liegt bei 30 Prozent[1]. Wenn die Behandlung aber einen viel höheren Prozentsatz der Besserung anzeigt, muß zumindest der Pluspunkt an die betreffende Therapie gegeben werden.

Die Urin-Therapie ist sicherlich ein solcher Fall. Aus der Fachliteratur erkennt man, daß die meisten Menschen, die sie konsequent und nach den „Regeln" durchführen, einen Nutzen davon haben. Nun sind aber die Bücher über diese Anwendung natürlich von Menschen geschrieben, die selbst von dieser Therapieform begeistert sind. Darum muß man kritisch sein, wenn die Meinung geäußert wird, daß die Urin-Therapie – richtig eingesetzt – nie eine negative Wirkung hervorrufen wird. Das gilt ebenso für die Behauptung, daß nur eine kleine Anzahl von Personen, die die Urin-Therapie angewendet hatten, keine oder keine nennenswerten Besserungen oder Veränderungen erfuhren. Doch auch wenn man dies in Betracht zieht, scheint der Anteil der positiven Resultate noch immer weit über den genannten 30 Prozent zu liegen. Grund genug also, den Vorteil der Urin-Therapie zu sehen und sie weiter zu untersuchen.

Wie bereits gesagt, wurden in der medizinisch-wissenschaftlichen Welt schon einige Untersuchungen über die Zusammensetzung des Urins und seiner einzelnen Bestandteile durchgeführt. Die Forscher Free und Free publizierten ein Gutachten, worin 200 Substanzen des Urins aufgelistet wurden. Sie gaben an, daß es sich dabei nur um die interessantesten Bestandteile handele, aber daß noch weitere tausend Bestandteile im Urin zu finden seien[2]. Im Urin wurden mehrere Stoffe angetroffen, die, unter medizinisch-wissenschaftlichen Aspekten betrachtet, einen Wert haben als Heilmittel oder als Teil eines solchen verarbeitet oder angewendet werden können. Manche Stoffe wurden in der Tat auch schon als Medikament verarbeitet und benutzt. Eine Reihe dieser Substanzen werden am Ende dieses Kapitels kurz besprochen.

Referenzen zu den betreffenden Gutachten sind ebenfalls in den Anmerkungen am Ende dieses Kapitels zu finden. Da dieses Buch keine wissenschaftliche Publikation sein will, sind viele Referenzen in gutem Glauben aus anderer Literatur übernommen worden, hauptsächlich aus dem Buch *Urine-Therapy, It May Save Your Life* von Dr. Beatrice Bartnett. Ich habe die Berichte nicht kontrolliert, weder auf die Genauigkeit der Nennung, noch auf die korrekte Wiedergabe des Inhalts der entsprechenden Artikel. Sie dienen hauptsächlich als Anhaltspunkt für diejenigen, die diese Materie weiter untersuchen möchten.

Die Tatsache, daß im Urin scheinbar wirksame einzelne Bestandteile zu finden sind, ist überhaupt noch kein Beweis für eine mögliche positive Wirkung der Urin-Therapie. Man könnte natürlich unterstellen, daß die Stoffe, die als einzelne Substanz einen bestimmten Effekt haben, genau dieselbe Wirkung zeigen, wenn sie noch Bestandteil des Urins sind. Man kann sich auch vorstellen, daß gerade eine Kombination die Wirksamkeit herabsetzt oder gar ganz beseitigt, aber eigentlich liegt das nicht auf der Hand. Wir können mit großer Wahrscheinlichkeit davon ausgehen, daß Stoffe, die bestimmte Eigenschaften haben, auch als Bestandteil des Urins diese Eigenschaften noch besitzen. Je mehr wirksame Substanzen im Urin gefunden werden, desto stärker wird das Argument bestätigt, daß Urin als ganzheitliches Produkt einen therapeutischen Nutzen hat.

Eine Bedingung für diese Argumentation ist dann natürlich auch, daß gezeigt werden muß, daß Urin als Gesamtprodukt keine Stoffe beinhaltet, die eine evidente schädliche Wirkung haben. Bis jetzt gibt es aber keinen Grund anzunehmen, daß sich solche Stoffe im Urin befinden. Die kleinen Mengen giftiger Substanzen, die der Harn enthalten kann, scheinen einen hauptsächlich positiven Effekt auf das Abwehrsystem des Körpers zu haben (worauf ich später noch zurückkomme). Wenn der Urin jedoch sehr schädliche Stoffe enthalten würde, wäre es unmöglich, daß so viele Menschen tagein, tagaus und Jahr für Jahr ihren eigenen Urin trinken und sich dabei einer solch guten Gesundheit erfreuen könnten.

Es gibt also erst wenige Untersuchungen über Urin als therapeutisch anwendbares Gesamtprodukt. Zwar existieren einige Hypothesen über das Wie und Warum der möglichen Wirkung der Therapie, die als Basis für weitere wissenschaftliche Untersuchungen dienen könnten. Doch bleibt nach wie vor die Frage nach Ursache und Wirkung der Urin-Therapie bestehen.

Nach Bartnett kann man die Anwendung der Urin-Therapie mit selbstproduziertem Urin als eine

Erweiterung der Methoden von Jenner und Pasteur betrachten[3]. Das Abwehrsystem des menschlichen Körpers bemüht sich u. a., den Körper von schädlichen oder unbrauchbaren Substanzen zu befreien, die sich im Laufe einer Krankheit entwickelt haben. Falls diese vom Körper in kleinen Mengen wieder aufgenommen werden, steigt die Aktivität der Leukozyten im Blut an, und es ist wahrscheinlich, daß der Patient wieder gesund wird. Dieses Phänomen wird *Auto-Inokulation* oder auch „Selbstimpfung" genannt. Man könnte sagen, daß es eine Methode von Mutter Natur ist, eine Krankheit ohne Eingriff von außen zu heilen.

Die Urin-Therapie kann in gewisser Weise auch als eine Form der Selbstimpfung gesehen werden. Man geht davon aus, daß bestimmte ausgeschiedene Körpersubstanzen, auch solche, die von einem möglichen Krankheitsprozeß stammen, beim Trinken und Einmassieren des Urins dem Körper in kleinen Mengen wieder zugeführt werden. Durch die Därme oder durch die Haut werden sie in das Blut aufgenommen. Der Hypothese zufolge erhält das Abwehrsystem des Körpers somit eine Chance, adäquat zu reagieren. Es wirkt also wie eine zusätzliche Maßnahme, das schon bestehende System der Selbstimpfung zu unterstützen.

Die Ärzte Remington, Merler und Uhr zeigten, daß das Teilchen eines Urin-Proteins die Kraft hat, bestimmte Krankheitserreger auszuschalten, indem es sich mit ihnen verbindet[4]. Diese Entdeckung unterstützt die Annahme, daß die Urin-Therapie eine effektive Behandlungsmethode oder Prävention bei bestimmten Krankheiten darstellt.

Zu Beginn des 19. Jahrhunderts untersuchte ein Dr. Charles Duncan bestimmte Therapien, die mit

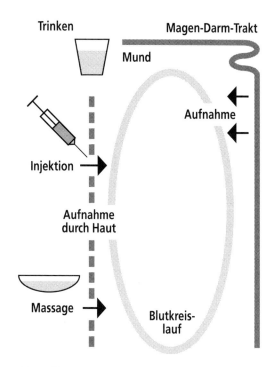

Urin-Therapie: eine Art Impfung. Die Wiederaufnahme ausgeschiedener Substanzen kann u. a. durch Trinken, Massieren oder Injizieren geschehen.

selbstproduzierten Stoffen arbeiteten[5]. Die Urin-Therapie gehörte auch dazu. Er belegte, daß jeder Patient mit einer *gonorrhoischen Urethritis* sein eigenes Heilmittel in Form seiner Absonderung bei sich trage. Auto-Therapie bedeutete in diesem Fall, daß der Patient einen Tropfen der selbstproduzierten Absonderung (eine Folge der Krankheit) direkt auf seine Zunge gab, um auf diese Weise die natürlichen Kräfte seines Körpers zu stimulieren. Diese Methode zeigte einen stark heilenden Effekt in jedem Stadium der Krankheit. Zeitig genug angewandt, konnte es die Gonorrhöe gänzlich verschwinden lassen.

Die Auto-Therapie, in all ihren verschiedenen Formen, basiert auf dem Prinzip, daß der Körper alle frischen, selbstproduzierten, unveränderten Giftstoffe des Gewebes benutzen kann, die von Mikroorganismen abstammen, welche den Krankheitsprozeß verursachen. Der Patient trägt also sein eigenes Heilmittel bei sich. Und zwar genau in der von der Natur zusammengestellten Kombination, die nötig ist, um seinen Zustand zu heilen.

Eine Untersuchung von Dr. William D. Linscott führt zu der Annahme, daß bei der Auto-Therapie eine Verstärkung und Stimulierung des Abwehrsystems erfolgt, hauptsächlich der *T-Zellen*. Bei einigen Patienten, die eine niedrige Anzahl T-Zellen vorweisen, stieg deren Zahl nach einer Urin-Behandlung[6].

5.2 Hypothesen

Es bestehen also mögliche Erklärungen für die Wirkung der Urin-Therapie. In der Literatur treten dabei einige Hypothesen in den Vordergrund. In dem Buch *Amaroli* von Dr. Swami Shankardevan Saraswati (siehe Literaturverzeichnis) werden acht Erklärungsmodelle angegeben. Der Ausgangspunkt der Autoren ist, daß mehrere Faktoren einen Beitrag zur Wirkung der Urin-Therapie liefern und es eine Kombination dieser Umstände ist, die der Urin-Therapie ihre außerordentliche Wirkung gibt. Die Verfasser sind weiterhin der Meinung, daß alle diese Faktoren erst einzeln untersucht und geprüft werden müßten.

In dem Buch wird noch nicht über die wichtige Rolle geschrieben, die Urea (Harnstoff) möglicherweise spielt. Darüber ist erst kürzlich, besonders durch die Forschung des Naturarztes und Chiropraktikers John Wynhausen aus den USA, viel mehr bekannt geworden[7]. Das ist ein wichtiger Aspekt in der Diskussion mit Medizinern, da eines ihrer Argumente gegen die Urin-Therapie die Giftigkeit und Schädlichkeit des Ureas ist. Ich füge deshalb eine zusätzliche Annahme hinzu, die sich auf die Rolle von Urea bei der Wirkung der Urin-Therapie bezieht.

Die neun Erklärungen über die möglichen wirksamen Faktoren der Urin-Therapie werden hier kurz wiedergegeben. Ich weise nochmals darauf hin, daß es sich um Hypothesen handelt. Sie dienen nur als Anhaltspunkte für weitere Forschungen. Das ist auch der wesentliche Grund dafür, warum sie dargestellt werden, da noch immer keine speziellen Untersuchungen unternommen wurden, diese Annahmen zu prüfen. Somit ist, wissenschaftlich gesehen, noch nichts bewiesen.

Die neun Hypothesen betreffen die folgenden neun Gebiete:

1. Ersatz und Wiederverwendung der Nährstoffe
2. Wiederaufnahme der Hormone
3. Enzymatische Komponente
4. Wirkung von Urea
5. Immunologische Wirkung
6. Bakterien- und virustötende Wirkung
7. Salztherapie
8. Harntreibende Wirkung
9. Psychologische Faktoren

1. Ersatz und Wiederverwendung der Nährstoffe

Es würde zu weit gehen, zu behaupten, Urin könne Krankheiten heilen, weil es Keime, Mineralien, Vitamine und andere für die Gesundheit essentielle Nährstoffe enthält. Wenn wir davon ausgehen, daß unsere Eß- und Trinkgewohnheiten ausgeglichen und gut sind, erhalten wir durch unsere Ernährung solche Stoffe in ausreichender Zahl. Es ist möglich, daß wir durch das Trinken oder durch das Einmassieren von Urin eine bestimmte Menge Vitamine, Aminosäuren, Salze, Hormone usw. nochmals gebrauchen und sie wieder als Gehaltstoffe in unseren Körper aufnehmen.

Während einer Krankheit kann das sicher sehr wichtig sein. Man geht davon aus, daß bei bestimmten Erkrankungen mehr oder weniger betroffenes Körpergewebe ins Blut gerät und als solches ausgeschieden wird. Während des Filterprozesses in den Nieren wird diese Substanz in ihre ursprünglichen Baustoffe aufgelöst, so daß sie danach in dieser Form vom Körper gebraucht werden kann, um wieder neues Gewebe aufzubauen.

Während einer Krankheit verändert sich die Zusammensetzung des Urins. Das hängt u. a. damit zusammen, daß bestimmte, essentielle Stoffe nicht zu den Stellen kommen, wo sie benötigt werden und so durch die Nieren ausgefiltert werden. Ein gutes Beispiel dafür ist die Leberstauung, wodurch sich eine Hepatitis oder Leberentzündung entwickeln kann. Wenn eine Blockade der Leber entsteht, gerät Galle, die durch die Leber produziert wird, nicht in den Darmkanal. Statt dessen sickert die Galle in das Blut und gelangt so in den Urin. Man fühlt sich in einem solchen Fall unpäßlich und schwach. Durch das Gallendefizit können Fette und Eiweiß nicht mehr gut verdaut werden. Um die Folgen zu verringern, besteht die Behandlung meistens nur aus der Verschreibung von Ruhe und einer Diät, also einer fett- und eiweißarmen Ernährung, da eben diese Stoffe nicht richtig verdaut werden[8].

Im Urin befindet sich jedoch in diesem Moment die Substanz, die Eiweiß und Fette verdauen soll, und zwar genau in der richtigen Quantität. Dieser Theorie zufolge können Galle und andere Leberenzyme durch Einnahme des Urins wieder gebraucht werden.

Dies ist nur das Beispiel einer Krankheit, bei der der Wiedergebrauch eines wichtigen Stoffes durch Urin stattfinden kann. Bei anderen Störungen kann man auf die gleiche Art und Weise beobachten, daß wichtige Körperstoffe bewahrt und wiederverwendet werden.

2. *Wiederaufnahme der Hormone*

Wie ich schon angesprochen habe, gelangen viele Hormone zum Schluß in den Harn. Der Ausgangspunkt der Hypothese ist, daß durch das Trinken oder Einmassieren des Urins der Körper die Hormone erneut aufnimmt.

Wahrscheinlich werden beim Trinken des Eigenurins hauptsächlich kleine Hormone, die keine Proteine (Eiweißkomplexe) sind, wieder zurückgeführt. Proteine werden nämlich durch Säuren, Pepsine und Enzyme im Verdauungskanal verarbeitet. Höchstwahrscheinlich wieder aufgenommene Hormone sind die Geschlechts-, Nebennieren- und Schilddrüsenhormone. Auch von diesen müßte man die Wirkungen erst noch näher untersuchen.

Durch die externe Anwendung des Urins auf der Haut können die Hormone, ohne daß sie vernichtet werden, erneut in den Körper gelangen. Das ist der Grund dafür, daß die Massage mit Urin eine wichtige, ergänzende Rolle in der Urin-Therapie spielt, da der Harn direkt ins Körpergewebe aufgenommen wird[9]. Die Rückführung der Hormone ist auf zwei Arten wertvoll:

a) Wegen der speziellen hormonalen Wirkung. Bestimmte Wirkstoffe können einen spezifischen Einfluß bei einem Heilungsprozeß haben, wie z. B. die *Kortikosteroiden*, die durch die Rinde der Nebenniere ausgeschieden werden. Sie hemmen Entzündungen und haben eine positive Wirkung bei der Behandlung von Allergien (wie z. B. Asthma und Heuschnupfen), bei Hautkrankheiten (z. B. Ekzeme und Psoriasis) und bei Entzündungskrankheiten (z. B. Rheuma). Für die Behandlung dieser Krankheiten hat sich die Urin-Therapie als ein sehr wirksames Hilfsmittel herausgestellt. Doch ist es noch nicht bewiesen, daß die Hormone dabei eine Rolle spielen.

b) Eine Wiederaufnahme der Hormone kann die Erhaltung von Energie für den Körper bedeuten. Das erneute Einnehmen schafft dem Körper die Möglichkeit, einen Teil davon wieder zu gebrauchen. Es erspart ihm die Energie, die sonst nötig wäre, diese neu zu produzieren.

Hormone sind eigentlich sehr kraftvolle Moleküle, und ihre Herstellung kostet den Körper viel Energie. Ist dies einmal geschehen, dann sind sie fähig, allgemeine Veränderungen der körperlichen Prozesse, der Persönlichkeit, der Emotionen und des Geisteszustandes zu bewirken. Das kann schon dann passieren, wenn nur ein paar Moleküle freigesetzt werden. So ist es auch möglich, daß die

Hormone, selbst bei sehr geringer Wiederaufnahme, eine starke Wirkung auf unsere Gesundheit und unser Energieniveau haben[10].

Weiter vorn wurde schon auf die Untersuchung der Wirkung von Melatonin verwiesen. Es ist ein Hormon, daß im Urin gefunden wurde und eine beruhigende Wirkung hat[11]. Weiterhin ist Melatonin als Anti-Krebs-Stoff bekannt[12].

Übrigens ist es gut möglich, daß in früheren Zeiten die sogenannten „weisen Menschen" schon von der hormonalen Wirkung des Urins wußten. Sie wiesen darauf hin, daß der Urin einer anderen Person des gleichen Geschlechts akzeptabel ist, wenn nicht genug Eigenurin vorhanden ist, aber nicht der Urin einer Person des anderen Geschlechts.

Obwohl kulturelle und soziale Faktoren bestimmt auch eine Rolle für solche Regeln spielten, ist es Tatsache, daß der Urin der Frau eine beträchtlich größere Menge weiblicher Hormone (z. B. Östrogen), der Urin des Mannes eine größere Menge männlicher Hormone (z. B. Androgen) beinhaltet. Würde der Harn einer Frau über längere Zeit hinweg von einem Mann eingenommen, hätte dies auch demgemäße Folgen. Das gilt natürlich auch für eine Frau, die entsprechend männlichen Urin benutzen würde.

Aus hormonalen Gründen scheint es gut zu sein, den ersten Urin nach dem Geschlechtsverkehr zu verwenden. Während der sexuellen Stimulation werden in den höheren endokrinen Drüsen bestimmte Hormone freigesetzt, die einen regenerierenden und vitalisierenden Effekt auf den Körper haben. Dies gilt sowohl für Männer als auch für Frauen[13].

3. *Enzymatische Komponente*

Die Tatsache, daß Urin viele Enzyme enthält, ist vielleicht eine Erklärung für die günstige Wirkung der Urin-Therapie auf Arteriosklerose, Herzanfälle, Lungenembolien usw. Aufgrund der Erforschung des sich im Urin befindlichen Enzyms Urokinase erwartet man nun eine positive Wirkung der Enzyme im „Gesamtprodukt" Urin. Urokinase ist ein gängiges Mittel zur Gefäßerweiterung; es ist vergleichbar mit *Nitroglycerin* und hat die Wirkung, den Blutstrom der Herzschlagader zum Herzmuskel hin zu verstärken. Urokinase wird in großen Mengen aus dem Urin gelöst und als Medikament auf den Markt gebracht[14].

Es ist sehr wahrscheinlich, daß auch andere Enzyme (zum Beispiel *Pepsin, Trypsin, Amylase, Lipase* und *Maltase*) im Urin aktiv sind, obwohl hierüber noch nicht viel bekannt ist.

4. *Die Wirkung von Urea*

Die folgenden Angaben referieren die Hauptpunkte eines Forschungsberichtes, der 1993 während der *First All India Conference on Urine Therapy* in Goa von John Wynhausen präsentiert wurde[15].

Urea ist, nach Wasser, der Hauptbestandteil des Urins. Es ist ein Hauptendprodukt des Eiweißstoffwechsels. Man schätzt, daß Menschen pro Tag ungefähr 25 bis 30 Gramm Urea ausscheiden. Wir kommen schon sehr früh mit Urea in Kontakt, nämlich dann, wenn wir noch in der Gebärmutter wachsen. In den letzten zwei Monaten der Schwangerschaft verdoppelt sich die Konzentration des Ureas im Fruchtwasser[16].

Dieses besteht, wie gesagt, zum größten Teil aus dem Urin des Fötus. Kurz vor unserer Geburt trinken wir pro Tag ungefähr einen halben Liter dieser Flüssigkeit. Der Fötus „atmet" sozusagen diese Flüssigkeit auch ein, was sehr wichtig für eine gute Entwicklung und den Aufbau der Lunge ist. Bei der Operation eines Fötus in der Gebärmutter bleiben keine Narben zurück[17].

Es ist noch nicht klar, ob Urea im Fruchtwasser in einen anderen Stoff umgesetzt wird. Doch scheint das wahrscheinlich nicht der Fall zu sein, da im Darmkanal des Fötus noch keine Bakterien tätig sind.

Nach der Geburt beginnt die Darmflora zu arbeiten. Sie spielt eine ganz besondere Rolle bei der Umsetzung des Ureas. Wissenschaftler gehen davon aus, daß 25 Prozent dieser Substanz bei einem erwachsenen Menschen in die Därme gelangt, wo sie durch Darmbakterien zu Ammoniak abgebaut wird[18]. Eine gewisse Menge des Ammoniaks gelangt schließlich in die Leber. Diese setzt einen Teil davon wieder in Urea um, einen anderen in die sehr brauchbare Aminosäure Glutamin[19]. Die Leber sorgt ebenfalls dafür, daß der größte Teil des Ammoniaks in andere Stoffe umgebaut wird. Obwohl Ammoniak schon in kleinen Mengen sehr giftig sein kann, hat es doch in einer minimalen Dosis eine nützliche Funktion für den Körper. Es ist notwendig für die Regelung des pH-Wertes in unserem Blut. Darüber hinaus wirkt es antiviral[20].

Trinkt man seinen Urin immer wieder, fällt es auf, daß er nicht stärker oder bitterer schmeckt. Dies wäre eigentlich zu erwarten, wenn man davon ausgeht, daß die Urea-Konzentration des Harns immer stärker würde. Das Gegenteil ist aber der Fall: Der Urin wird gerade immer wäßriger und geschmacksneutraler. Das zeigt, daß Urea auf eine bestimmte Art und Weise verändert wird. Es ist sehr gut möglich, daß es auch durch Ammoniak in Glutamin umgesetzt wird. Wie oben gerade beschrieben, ist es ein Prozeß, der im Darmkanal stattfindet.

Dazu kommt, daß Glutamin ein sehr brauchbarer Stoff für den Körper ist. Untersuchungen belegen die Wichtigkeit für den Aufbau und die Instandhaltung von speziellem Körpergewebe. Beispiele dafür sind das Gehirn und der Dünndarm sowie Wachstum und Wirkung der Schleimhäute der Darmkanalwände. Glutamin hat eine heilende Wirkung bei Geschwüren und Wunden im Darmkanal[21].

Die wichtigste Funktion des Glutamins liegt auf dem Gebiet der Verstärkung des Immunsystems[22]. Hier könnte ein wichtiger Schlüssel für den Erfolg der Urin-Therapie liegen. Ein bestimmter Teil des Ureas wird vom Körper selbst verbraucht. Der zusätzlich durch die Urin-Therapie zugeführte Teil erhöht den Glutamin-Wert des Körpers. Dies verstärkt das Immunsystem und spezielle Organe und heilt gleichzeitig Beschädigungen im Verdauungskanal.

Eine andere Erklärung der positiven Wirkung von Urea für die Urin-Therapie liegt im Einfluß auf das Gehirn und das Zentralnervensystem. In der Gehirnchirurgie werden manchmal sehr große Dosen Urea verabreicht, um so das Gehirn zeitlich schrumpfen zu lassen und darauf den Schädel zu öffnen[23]. Beim Trinken des Urins erhalten wir noch nicht einmal zehn Prozent einer solchen Dosis. Trotzdem wird auch eine so kleine Menge eine leichte Verminderung des Drucks auf Gehirn und Rückenmark zur Folge haben. John Wynhausen, selbst Chiropraktiker, ist sich der Gesundheitsprobleme, die aus hohem Druck auf Schädel und Rückenwirbel resultieren, sehr bewußt. Wynhausen sieht dies, selbst vom physischen Standpunkt aus betrachtet, als eine der wichtigsten Ursachen menschlicher Krankheiten in der heutigen Zeit. Das Trinken des Urins, und die damit erzeugte regelmäßige Verminderung des Drucks, liefert, so gesehen, sehr positive Resultate.

Urea wird auch mit großem Erfolg bei der als unheilbar bezeichneten und schmerzhaften Krankheit *Sichelzellen-Anämie* (schwere Form einer erblichen Anämie) in ziemlich hohen Dosen angewandt[24]. Untersuchungen und Erfahrungen haben gezeigt, daß Urea heilend und präventiv wirkt, wenn es täglich in vier Dosen von ungefähr 40 Gramm eingenommen wird. Diese Behandlung zeigt, daß der Körper sogar hohe Mengen Urea vertragen kann, ohne daß negative Nebenwirkungen wahrgenommen werden.

Eine dritte bemerkenswerte Anwendung des Urea auf medizinisch-wissenschaftlichem Gebiet findet man in der Krebsbehandlung von Dr. E. D. Danopoulos[25]. Die Behandlungsmethode besteht aus Injektionen mit Urea, vermengt mit einer Salzlösung in und um den Hautkrebs und Brustkrebs herum. Dr. Danopoulos untersuchte weiterhin die Wirkung des Trinkens von in Wasser aufgelöstem Urea bei der Behandlung von Leberkrebs. Auch hier waren die Resultate positiv. Er begann dann, Urea mit *Kreatin Hydrat* zu kombinieren, einer anderen Komponente des Urins. Auf diesem Weg konnten noch andere Krebserkrankungen mit Erfolg behandelt werden.

Urea scheint sehr effektive Wirkungen bei der Behandlung von Blasenkrebs zu haben. Nun kann man sich natürlich fragen, warum Blasenkrebs überhaupt entstehen kann, wenn Urea ein so wirksames Anti-Krebsmittel ist; es befindet sich ja schließlich andauernd in der Blase. Das einzige, was man dazu sagen kann ist, daß Blasenkrebs eine relativ seltene Krebskrankheit ist und im allgemeinen nur bei Menschen festgestellt wird, die mit bestimmten Chemikalien arbeiten. Vielleicht wird durch diese die Wirkung des Ureas vermindert oder aufgehoben. Um das aber genauer herauszufinden, müßten weitere Untersuchungen gemacht werden.

Schließlich hat Urea auch noch eine sehr wichtige Funktion bei der externen Anwendung des

Urins auf der Haut. Es hilft bei dem Transport der Hormone durch die Haut[26]. Wenn man Urin trinkt, werden viele Hormone durch das enzymatische System der Verdauung zerstört. Bei der direkten Verwendung des Urins auf der Haut besteht eine größere Chance, daß die Hormone in ihrer ursprünglichen Form wieder in den Körper gelangen. Darüber hinaus sorgt eine „transdermale" Anwendung dafür, daß sie langsam und in gerichteten Portionen vom Körper aufgenommen werden, was die Wirksamkeit sehr geringer Mengen vergrößert.

Auf die Haut aufgetragen hat Urea eine feuchtigkeitsspendende und -regulierende Wirkung. Deshalb wird es gerne in Hautcremes verarbeitet.

Aus anderen Untersuchungen stammen die folgenden Angaben: Urea ist eine oxydierende Substanz, die dafür sorgt, daß sich die zerlegten Proteine oder Eiweiße im Bereich einer Wunde oder einer Entzündung auflösen. Dank Urea kann sich zersetzendes Gewebe nicht mehr von anderen faulenden Stoffen ernähren. Es löst Fette und andere natürliche Körperabsonderungen auf[27]. Die Wirkung von Urea ist stärker, wenn es erwärmt ist[28].

Durch seine starke antibakterielle Qualität hat Urin einen bremsenden Effekt auf das Wachstum der Tuberkulosebazillen. Die bakterienhemmende oder -tötende Wirkung des Harns steigt, wenn der pH-Wert abnimmt.

Urea und Ammoniak, die miteinander eng verbunden sind, spielen hierbei eine wichtige Rolle[29]. Komplexe Polymere werden im Kontakt mit Urea zu Monomeren transformiert oder zersetzt, denen der Körper besser standhalten kann[30].

5. *Immunologische Wirkung*

Es ist deutlich geworden, daß Urin keine giftige Substanz ist. Möglicherweise befinden sich kleine Mengen giftiger Stoffe im Urin, besonders während einer Krankheit. Vielleicht tragen genau diese kleinen Mengen giftiger Stoffe zur Wirkung der Urin-Therapie mit bei. Gelangen giftige Stoffe in den Körper, ruft dies den Verteidigungsmechanismus des Körpers auf den Plan. Wir nennen diesen Mechanismus unser Abwehr- oder Immunsystem. Sind die Stoffe, die durch den Urin den Körper verlassen, dieselben, die sich auch am Krankheitsprozeß beteiligen, dann können diese ein Signal an das Immunsystem weiterleiten. Das aktiviert eine Verstärkung des körpereigenen Abwehrsystems[31].

Der gleiche oder ein sehr ähnlicher Prozeß spielt sich ab, wenn man gegen bestimmte Krankheiten geimpft wird. In diesem Fall wird eine kleine Menge giftiger Stoffe in den gesunden Körper gespritzt. Dies löst einen Reiz aus und regt das Immunsystem an, den Körper zu verteidigen, indem er Antikörper herstellt. Das könnte man eine homöopathische oder isopathische Wirkung nennen. Als wir die Ideen von Armstrong besprachen, sind wir darauf bereits eingegangen. Durch Trinken des Urins und das Einmassieren bekämen die Antikörper also einen stärkeren Zugang zum Körper. (Ich verweise auf die Untersuchung von Linscott, bereits genannt in Abschnitt 5.1, über Auto-Therapie und Zunahme der T-Zellen, siehe auch Anmerkung 6.)

Die Wichtigkeit von Urea und Glutamin für das körpereigene Immunsystem haben wir schon einige Seiten vorher unter Punkt 4 „Die Wirkung von Urea" besprochen.

Dr. Johann Abele erwähnt, daß ein Vorhandensein von Antigenen und Antikörpern im Urin eine wichtige Erklärung für die Stärkung des Immunsystems durch die Anwendung der Urin-Therapie sein könnte. Die erneute Einnahme kleiner Mengen Bakterien oder Parasiten durch den Urin kann z. B. die Produktion von *IgE* fördern. Auch *IgA* (ein virus-hemmender Stoff, der gegen das Sichfestsetzen von Mikroorganismen in den Schleimhäuten wirkt), spielt eine Rolle. Es befindet sich in den Schleimhäuten und Ausscheidungsprodukten, also auch im Harn. Die Urin-Therapie kann eine Produktion von IgA verstärken, was die positive Wirkung der Therapie bei Harnwegsentzündungen erklären könnte, bei denen andere Behandlungsmethoden keine Verbesserungen zeigten[32].

Verschiedene Studien deuten an, daß sich im Urin Antistoffe gegen Salmonellen, Diphtherie, Tetanus, Poliomyelitis und auch gegen HIV finden lassen[33]. Schließlich möchte ich noch die energetische Wirkung der Urin-Therapie auf das Abwehrsystem andeuten. Abele geht in seinem Buch vorsichtig auf die mögliche Wirkung des Urins als holographischer Informationsvermittler ein:

„Auch erhebt sich die Frage, ob der Urin nicht als eine Art Säfte-Hologramm verstanden werden könnte, welches – dem Körper in unüblicher Weise bewußtgemacht – intramuskulär rückgeführt, vom Organismus abgetastet und ausgewertet wird und wonach er seine eigenen Regulationsmechanismen (zumindest in gewissen Fällen) wieder aussteuert. Unwillkürlich drängt sich dem Beobachter das Wort des metaphysisch und sicher auch medial hochqualifizierten Arztes Paracelsus vom Inneren Arzt, dem Archäus, auf."[34]

6. *Bakterien- und virustötende Wirkung*

Es ist noch nicht ganz klar, wie Urin seine antiseptische Wirkung erhält. In jedem Fall spielt Urea hierbei eine wichtige Rolle. Auch Ammoniak und Salze haben eine solche reinigende Eigenschaft. Neben dem bakterientötenden hat Urin auch einen hemmenden oder vernichtenden Effekt auf unterschiedliche Viren und Schimmelsorten. Wissenschaftliche Untersuchungen haben ergeben, daß Ammoniak starke antivirale Wirkungen besitzt[35].

Das Auftragen des Harns auf eine frische Schnitt- oder Schürfwunde verhindert Infektionen. Kompressen mit frischem oder altem Urin lassen bestehende Infektionen verschwinden. Ein Rätsel, das noch gelöst werden muß, ist die Tatsache, daß Urin das Wachstum von Bakterien in der Harnröhre nicht ganz verhindert (dort treten zumindest Infektionen auf), während es in der externen

Anwendung eine deutliche und stark antiseptische Wirkung aufweist.

Dr. Herz behandelte Infektionen der Harnwege übrigens mit Erfolg durch die Urin-Therapie. Die positiven Ergebnisse lassen sich wahrscheinlich auf die stimulierende Wirkung des wieder eingenommenen Eigenurins auf das Abwehrsystem zurückführen. Wie unter Punkt 5 dieses Abschnitts erwähnt, wird dadurch mehr IgA produziert[36].

7. *Salztherapie*

Die Einnahme von Salzwasser gilt z. B. bei Fasten-Kuren unter bestimmten Umständen als ein wichtiges, therapeutisches Mittel. Auch beim Yoga wird Salzwasser vielfach angewandt, um den Körper von innen zu reinigen. Dies erzeugt Erleichterung bei Krankheiten wie z. B. Asthma, Magengeschwüren, Verdauungsstörungen oder Verstopfung. Das Trinken des Urins, der ja auch salzig ist, hat denselben Effekt und kann darum ein Grund sein für den Erfolg als therapeutisches Mittel.

Salzlösungen entfernen alten Schleim, der sich auf den Schleimhäuten des Körpers festgesetzt hat. Man geht davon aus, daß beim Trinken von salzigen Flüssigkeiten ein Teil des Salzes in den Körper gelangt. Im Körper löst es dann überflüssige Absonderungen in der Lunge und anderen Organen auf.

Warmes Salzwasser, also auch warmer Urin, ist besonders nützlich bei Krankheiten, bei denen der Körper nicht genug Wärme erzeugt, um die normalen Körperausscheidungen in einem dünnen und wäßrigen Zustand zu halten. Darüber hinaus soll es bei Krankheiten, bei denen der Schleim übermäßig dünnflüssig geworden ist, die überschüssige Feuchtigkeit aus dem Körper ziehen. Das kann der Grund sein für den Erfolg warmer Kompressen mit konzentriertem Urin bei externen Behandlungen.

Urin hat als salzige Flüssigkeit ebenfalls einen laxierenden Effekt und wird deshalb auch angeraten, um Verstopfungen zu erleichtern. Er fließt durch den Darmkanal, und der salzige Teil löst Schlacken und zieht Wasser in die Därme, wodurch der Stuhlgang einfacher wird.

Das Trinken von Urin hat im Vergleich zum Salzwasser noch einen Vorteil mehr zu bieten, da Urin eine kleine Menge natürliches Cortison aufweist. Aber damit wären wir wieder bei der möglichen hormonalen Wirkung des Urins angelangt.

Andere Vorteile, die genannt werden: Urea und Ammoniak sind organische, Fette und andere natürliche Körperausscheidungen auflösende Mittel. Wahrscheinlich sind es genau diese Stoffe, die einen kräftigeren Effekt auf Schleimhäute und Körperzellen haben als die Anwendung einfachen Salzwassers.

Bei der externen Behandlung, um z. B. kleinere Wunden zu säubern, hilft das Tupfen mit normalem Salzwasser meist sehr gut. Urin hat den gleichen Effekt.

Den Urin-Therapeuten zufolge hat der Harn durch die zusätzlichen heilenden Substanzen, die sich in ihm befinden, einen höheren Wert als Salzwasser. Diese Behauptung wird gestützt durch die anderen Hypothesen, die schon vorher besprochen wurden.

8. *Harntreibende Wirkung*

Dieser Hypothese zufolge sorgt die Urin-Therapie dafür, daß die Nieren schneller arbeiten und der Körper stimuliert wird, mehr Urin zu produzieren, so daß alles gut durchströmen kann. Stoffwechselprodukte von Eiweiß, wie z. B. Urea, Stickstoff und Ammoniak, werden über den Urin vom Körper ausgeschieden, sobald ein Überschuß dieser Stoffe auftritt. Das Trinken des Urins bewirkt zuerst, daß mehr von diesen Substanzen in den Körper gelangen als eigentlich normal wäre. Der Körper reagiert darauf, indem er diese mit Hilfe von Wasser und anderen Substanzen herausspült.

Man geht davon aus, daß der Körper durch das Trinken des Urins nicht nur stimuliert wird, einen Teil dieser Stoffwechselprodukte schneller auszuscheiden, sondern auch einen anderen Teil davon umzusetzen in Substanzen, die er gebrauchen kann. Ein schon häufiger genanntes Beispiel dafür ist die Umsetzung des Urea durch Ammoniak in Glutamine.

Eine andere Folge kann sein, daß Substanzen, die normalerweise mit dem Urin austreten, sich aber im Körper festgesetzt haben, nun durch die beschleunigte Durchströmung von Urin und Blut herausgespült werden. Im Falle einer Gichterkrankung kann man sich auf diese Art und Weise von der Urinsäure befreien, die sich in den Gelenken angesammelt hat.

Den Effekt des Durchströmens und der Reinigung kann man nachvollziehen, wenn man, in Kombination mit Fastenkuren, den ausgeschiedenen Urin vollständig wieder einnimmt. Beim ersten Wasserlassen ist der Urin häufig verhältnismäßig dickflüssig und schmeckt stark, besonders wenn man Fieber oder eine andere Krankheit hat. Trinkt man beim zweiten Mal die gleiche Menge, ist der Urin dünner und mehr geworden, auch wenn man kein zusätzliches Wasser getrunken hat. Bei Wiedergebrauch des gesamten Urins, den man ausscheidet, ohne zusätzlich Flüssigkeit zu sich zu nehmen, erhält man in kürzester Zeit einen reichlichen, hellen und angenehm schmeckenden Urin. Der letztliche Effekt davon ist, daß die Nieren stimuliert, gereinigt und die Blutbahnen gesäubert werden. Die Rolle des Ausscheidens von nicht brauchbaren Stoffwechselprodukten wird zur gleichen Zeit wahrscheinlich vom Darm, der Haut und der Ausatmung übernommen.

9. *Psychologische Faktoren*

Es ist möglich, daß das intensive Erlebnis, das anfänglich beim Trinken des Urins auftreten kann, die psychologischen Vorurteile und Ekelgefühle entkräftet. Dadurch wird eine unterdrückte Energie freigesetzt, die der Körper verwenden kann, um sich zu stärken und Krankheiten aufzulösen.

In wissenschaftlichen Kreisen geht man davon aus, daß allgemein der höchste angenommene Placebo-Effekt bei 30 Prozent liegt. Zu Beginn dieses Kapitels ist das Thema schon zur Sprache gekommen. Erfahrungen in der Anwendung der Urin-Therapie zeigen, daß ein viel höherer Prozentsatz tatsächlich positive Resultate verbucht. Dies ist um so bemerkenswerter, als doch viele Menschen durch ihren Widerwillen gegen den Urin anfänglich eine äußerst skeptische Haltung haben. Oft wird er erst als „letzte Rettung" angewandt.

Der Ausgangspunkt dieser Annahme ist, daß gerade die Konfrontation mit dem Widerwillen und seiner Überwindung eine wichtige Rolle spielen kann: Die Anwendung der eigenen Körperstoffe in dem Versuch, eine Krankheit zu heilen, kann zu einem erweiterten Blick auf die Intelligenz und Kraft des eigenen Körpers führen, und damit auch auf sich selbst. Es wirkt sich positiv auf die Wertschätzung und die Liebe zu sich selbst als physisches und geistiges Wesen aus.

Anstatt die Ausscheidungen, die eigentlich ein Teil von uns selbst sind, als Feinde zu betrachten und zu behandeln, machen wir sie nun zu unseren Helfern. Schon diese viel gesündere Art, uns selbst zu sehen, kann sicher einen heilenden Effekt auf unseren Körper haben. Wenn dann die Resultate positiv ausfallen, bedeutet die Möglichkeit, den eigenen Urin als Heilmittel anzuwenden, einen Gewinn an körperlicher und geistiger Freiheit. Vielleicht kann schon allein diese Erfahrung einen Heilungsprozeß auf einer tiefen Ebene auslösen.

Von diesen persönlichen Aspekten abgesehen, öffnet die Verwendung des eigenen Urins zur Heilung ein neues Tor für die heutige Medizin. Es konfrontiert uns mit der Möglichkeit, daß die Kräfte des eigenen Körpers und des Universums keine Grenzen kennen. Und daß wir mit unserer Gesundheit viel weniger abhängig sind von allen möglichen komplizierten Theorien und Technologien, als wir das in der Regel annehmen. Doch mit dieser Vorstellung bewegen wir uns bereits außerhalb des traditionellen medizinisch-wissenschaftlichen Denkens.

5.3 Einige besondere Inhaltsstoffe

Wir haben nun bestimmte Hypothesen über die Funktion der Urin-Therapie besprochen und hierbei mehrere Male auf die vielen speziellen Inhaltsstoffe des Urins hingewiesen, die eine mögliche, nützliche Funktion im Heilungsprozeß haben können. Urea und einige andere Substanzen und deren Wirkungen haben wir in diesem Rahmen schon einige Male angesprochen. Hier folgt nun die Auswahl einiger anderer wichtiger Substanzen, die sich normalerweise im Urin befinden und entweder in Verbindung mit der Urin-Therapie untersucht wurden oder unabhängig davon. Einfachheitshalber haben wir uns für eine alphabetische Reihenfolge entschieden.

Agglutinine und Precipitine haben eine neutralisierende Wirkung bei Polio (Kinderlähmung) und bei anderen Viren[37].

Allantoin ist eine Kristallsubstanz, die Stickstoff enthält und die Heilung von Wunden fördert. Es ist ein Oxydationsprodukt der Harnsäure. Diesen Stoff kann man in vielen Hautcremes finden.

Antineoplaston verhindert auf selektive Weise das Wachstum von Krebszellen, ohne daß es den Aufbau der normalen Zellen beeinflußt[38].

DHEA (Dehydroepiandrosteron oder Dehydroisoandrosteron) ist ein Steroid, das durch die Nebennieren ausgeschieden wird und sich in hoher Konzentration im männlichen Urin befindet. Diese Substanz verhindert Übergewicht, verlängert die Lebensdauer von Tieren und ermöglicht eine Behandlung von Blutarmut, Diabetes und Brustkrebs bei Frauen. DHEA stimuliert das Wachstum des Knochenmarks und erhöht die Produktion der Stoffe, die durch das Knochenmark hergestellt werden, z. B. rote Blutkörperchen, Monozyten, Makrophagen und Lymphozyten. Eine niedrigere DHEA-Konzentration scheint mit dem Alterungsprozeß verbunden zu sein[39].

Gastric secretory depressants bekämpfen das Wachstum von Magengeschwüren[40].

Glucuronsäure ist eine esterartige Verbindung, entsteht in der Leber, der Niere und im Magen-Darm-Trakt und hat eine wichtige Ausscheidungsfunktion[41].

Harnindikan ist für die Ausscheidungsfunktionen zuständig[42].

Harnsäure begrenzt die „Freien Radikale" (das sind Moleküle, die u. a. Krebs verursachen können) im Körper; wirkt gegen den Alterungsprozeß und kann Tuberkulose zum Stagnieren bringen[43].

Hippursäure wird als Ausscheidungshilfe in Niere und Leber gebildet[44].

H-11 bremst das Wachstum von Krebszellen und vermindert bestehende Tumore[45].

Interleukin-1: Dieser Stoff hat einen positiven Einfluß auf Helferzellen. Es kann Signale an den Hypothalamus geben und so Fieber erzeugen[46].

Prostaglandine sind hormonähnliche Stoffe mit gefäßerweiternder und wehenauslösender Wirkung, entspannender Wirkung auf die Bronchialmuskulatur und noch vielen anderen Stoffwechselwirkungen[47].

Protein Globulin beinhaltet Antikörper gegen spezifische Allergene; ist identisch mit Proteinen in den Immunoglobulinen des Serums (Blut)[48].

Proteasen sind aktive, immunologische Produkte allergischer Reaktionen[49].

Urinpeptide (oder Polypeptide) haben eine antituberkulöse Wirkung bei Anwendung der isolierten, reinen chemischen Form[50].

Eine detailliertes Verzeichnis der gesamten Inhaltsstoffe des Urins ist in dem Buch von Hasler zu finden. Auch Allmann geht in ihrem Buch darauf ein (s. Literaturverzeichnis).

Anmerkungen

1. B. Bartnett, S. 10, s. Literaturverzeichnis.
2. A.H. Free & H.M. Free: *Urinalysis in Clinical Laboratory Practice.* In: CRC Press, Cleveland, Ohio 1975, S. 13 u. 17.
3. B. Bartnett, S. 10, s. Literaturverzeichnis; J. Plesch: *Urine-Therapy.* In: Medical Press (London), Vol. 218, 6. August 1947, S. 128-133.
4. *Immuno-Tolerance: Historical Perspective.* In: Physician's Handbook, 1982, S. 13.
5. C.H. Duncan: *Gonorrhea: Its Prevention and Cure by Autotherapy.* In: Medical Record, 30. März 1912, S. 610; idem: *Autotherapy.* In: New York Medical Journal, 21. Dezember 1912, S. 1281.
6. Dr. William D. Linscott: *Specific Immunologic Unresponsiveness.* 3. Auflage: *Basic & Clinical Immunology,* a Lange Medical Publication, Los Altos, California, Kapitel 17, *Historical Perspective.* In: Physician's Handbook, 1982.
7. J. Wynhausen: *Urea: Its Possible Role in Auto-Urine Therapy.* In: Shivambu Kalpa Parishad. Gesammelte Vorlesungen, Goa, Indien 1993.
8. „*Amaroli"*, S. 31–32, s. Literaturverzeichnis
9. J. M. Wynhausen, s. Anmerkung 7.
10. S. Bemerkung des Professors Jean Rostand im Kapitel 3.1.
11. M. Mills & T. Faunce: *Medical Hypotheses,* Vol. 36, S. 195-199; G. Vines. In: New Scientist 29, Februar 1992, S. 20.
12. Lissoni et al., *Oncology,* 1991; 48 (6): S. 448-50.
13. Bubba Free John, s. Literaturverzeichnis.
14. Staff Reporter: *Now Urine Business.* In: Hippocrates (magazine), Mai 1988; Tierärztliche Umschau, 4/1984; M. Duffy et al.: *Urokinase-Plasminogen Activator. A Marker for Aggressive Breast Carcinomas.* In: Cancer, Vol. 62, Nr. 3, 1. August 1988, S. 531-533; Staff Writers: *Blood Clots: Legs and Lungs.* In: Harvard Medical School Health Letter, Vol. 10, Nr. 3, Januar 1985, S. 5.
15. J. M. Wynhausen, s. oben, Anmerkung 7.
16. D. J. Pochopien: *Urea and Glucose Concentrations of Amniotic Fluid during Pregnancy. Amniotic Fluid: Research and Clinical Application.* In: D.V.I. Fairweather & T.K.A.B. Eskes (Hrsg.), Excerpta Medica, Amsterdam 1973.
17. G. Kolata: *Surgery on Fetuses Reveals They Heal Without Scars.* In: New York Times, 16. August 1988, S. C1 u. C3.
18. Walsery Mackenzie & Bodenlos: *Urea Metabolism in Man.* In: Journal of Clinical Investigation 38, 1959, S. 1617.
19. Haussinger, Deiter & Sies: *Glutamine Metabolism in Mammalian Tissues*, Springer Verlag, New York 1984.
20. R. Peat: *Sharks, Salmon and Osmotic Therapies.* In: Townsend Letter for Doctors, Juli 1991.

21. A. Ackerson & C. Resnick: *The Effects of L-Glutamine, N-Acetyl-D-Glucosamine, Gamma-Linolenic Acid and Gamma-Oryzanol on Intestinal Permeability.* In: Townsend Letter for Doctors, Januar 1993.
22. Haussinger, etc., s. oben, Anmerkung 19.
23. M. Javid: *Urea in Intracranial Surgery.* In: Journal of Neurosurgery, Vol. 18, 1961, Nr.1, S. 51–57.
24. M. Murayama & R.M. Nalbandian: *Sickle Cell Hemoglobin: Molecule to Man,* Little Brown, Boston 1973.
25. E.D. Danopoulos, Artikel in: The Lancet, 26. Januar 1974; E.D. Danopoulos & M. Wayne: *Progress in Treating Malignancies with Urea and in Combination with Creatine Hydrate.* In: Townsend Letter for Doctors, Dezember 1990.
26. R.J. Feldman & H.I. Maibach: *Percutaneous Penetration of Hydrocortisone with Urea.* In: Archives of Dermatology 109, S. 58–59.
27. J.U. Schlegel et al.: *Bactericidal Effect of Urea.* In: Journal of Urology, Vol. 86, Nr. 6, Dezember 1961, S. 819-822;
E. Bello : *The Original Therapy of Wounds with Urine, Practice Traditional with Peruvian Indians, Explained and Justified.* In: Revista Medica de Vera Cruz (Mexico), Vol. 20, Nr. 4, 1. April 1940, S. 3067-3071.
28. H.W. Smith: *De Urina.* In: Journal of the American Medical Association, Vol. 155, Nr. 10, 3. July 1954, S. 899-902.

29. K.B. Bjornesjo: *On the Effect of Human Urine on Tubercle Bacilli: II The Tuberculostatic Effect of Various Urine Constituents.* In: Acta Scandinavica, Vol. 25, Nr. 5, 1951, S. 447-455; Q. Myrvik et al.: *Studies on the Tuberculoinhibitory Properties of Ascorbic Acid Derivatives and Their Possible Role in Inhibition of Tubercle Bacilli by Urine.* In: American Review of Tuberculosis, Vol. 69, Nr. 3, März 1954, S. 406–418.
30. *Immuno-Tolerance: Historical Perspective.* In: Physician's Handbook, 1982, S. 7.
31. C.W.M. Wilson & A. Lewis: *Auto-Immune Therapy Against Human Allergic Disease: A Physiological Self Defense Factor.* In: Medical Hypothesis, Vol. 12, 1983, S. 143-158;
C.H. Duncan: *Autotherapy.* In: New York Medical Journal, 21. Dezember 1912;
M.W. Turner & D. S. Rowe: *Antibodies of IgA and IgC Class in Normal Human Urine.* In: Immunology, Vol. 12, 1967, S. 689.
32. Herz/Abele, S. 26, s. Literaturverzeichnis.
33. Herz/Abele, S. 27, s. Literaturverzeichnis.
34. Herz/Abele, S. 27, s. Literaturverzeichnis.
35. R. Peat, s. oben, Anmerkung 20.
36. Herz/Abele, S. 26, s. Literaturverzeichnis
37. A.M. Lerner et al.: *Neutralizing Antibody to Polioviruses in Normal Human Urine.* In: Journal of Clinical Investigation, Vol. 41, Nr. 4, April 1962, S. 805-815;
L.A. Hanson et al.: *Characterization of Antibodies in Human Urine.* In: Journal of Clinical Investigation, Vol. 44, Nr. 5, 1965, S. 703–715;

J. Plesch: *Urine-Therapy*. In: Medical Press (London), Vol. 218, 6. August 1947, S. 128-133.
38. G. J. W. Ollerenshaw: *Observations on Dosage of H-11 Extract*. In: Medical World, London, Vol. 64, 1. März 1946, S. 72-76;
S. R. Burzynski et al.: *Antineoplaston A in Cancer Therapy*. In: Physiology, Chemistry & Physics, Vol. 9, 1977, S. 485;
Staff Reporter: *Antineoplastons: New Antitumor Agents Stir High Expectations*. In: Oncology News, Vol. 16, Nr. 4, Juli– August 1990, S. 1.
39. S. Kent: *DHEA: Miracle Drug?*. In: Geriatrics, Vol. 37, Nr. 9, 1982, S. 157-161;
J.S. James: *DHEA: Mystery AIDS Treatment*. In : Aids Treatment News, Issue 48, 1. Januar 1988, S. 1-6.
40. D.J. Sandweiss et al.: *The Effect of Urine Extracts on Peptic Ulcers*. In: American Journal of Digestive Diseases, Vol. 8, Nr. 10, Oktober 1941, S. 371-382.
41. I. Allmann, S. 121, s. Literaturverzeichnis.
42. I. Allmann, S. 121, s. Literaturverzeichnis.
43. Davies Owens: *Youthful Uric Acid*. In: Omni, Oktober 1982;
K.B. Bjornesjo, *On the Effect of Human Urine on Tubercle Bacilli: II The Tuberculostatic Effect of Various Urine Constituents*. In: Acta Scandinavica, Vol. 25, Nr. 5, 1951, S. 447-455.
44. I. Allmann, S. 121, s. Literaturverzeichnis.
45. H.H. Thompson: *H-11 for Cancer*. In: British Medical Journal, 31. Juli 1943, S. 149;

G. J. W. Ollerenshaw: *Observations on Dosage of H-11 Extract*. In: Medical World, Vol. 64, London, 1. März 1946, S. 72-76.
46. E. Kimball et al.: *Interleukin-1 Activity in Normal Human Urine*. Quelle und Datum unbekannt;
Z. Liao et al.: *Identification of a Specific Interleukin-1 Inhibitor in the Urine of Febrile patients*. In: Journal of Experimental Medicine, Rockefeller University Press, Vol. 159, Januar 1984, S. 126-136.
47. I. Allmann, S. 123, s. Literaturverzeichnis.
48. T. Tomasi et al.: *Characteristics of an Immune System Common to Certain External Secretions*. In: Journal of Experimental Medicine, Vol. 121, Nr. 1, Januar 1965, S. 101-122;
C. H. Duncan: *Autotherapy*. In: New York Medical Journal, 21. Dezember 1912, S. 1278-1283.
49. W. Darley et al.: *Studies on Urinary Proteose; Skin Reactions and Therapeutic Applications in Hay Fever*. In: Annals of Internal Medicine, Vol. 6, Nr. 3, 1932, S. 389-399.
50. K. B. Bjornesjo: *Tuberculostatic Factor in Normal Human Urine*. In: American Review of Tuberculosis, Vol. 73, Nr. 6, Juni 1956, S. 967;
S. Tsuji et al.: *Isolation from Human Urine of a Polypeptide Having Marked Tuberculostatic Activity*. In: American Review of Respiratory Diseases, Vol. 91, Nr. 6, Juni 1965, S. 832–838.

6. Erlebnisse und Erfahrungen

Dieses Kapitel soll einen kleinen Eindruck von persönlichen Erfahrungen vermitteln, die einige Menschen mit der Urin-Therapie gemacht haben. Es sind nur eine begrenzte Anzahl, dafür aber die interessantesten Erlebnisse hier aufgenommen. In vielen Fachbüchern über die Urin-Therapie kann man eine wahre Flut dieser Geschichten vorfinden (siehe Literaturverzeichnis hinten im Buch).

Einige Erzählungen sind aus Büchern übernommen, andere von Urin-Therapeuten, mit denen ich gesprochen oder korrespondiert habe. Diese Briefe und Berichte versuchen, die sachlich-distanzierte, aber auch persönliche und engagierte Sichtweise der Menschen zu vermitteln, die beruflich mit der Urin-Therapie umgehen. Gleichzeitig sind diese Menschen auch lebendige Illustrationen meiner eigenen Geschichte und Erfahrungen sowie der Nachforschungen über die Urin-Therapie. Gerade die individuellen Erzählungen inspirierten mich auf meinem Wege. Einen Teil dieser Anregungen hoffe ich auf diesem Wege weitergeben zu können.

Die Namen einiger Personen, die in diesem Kapitel über ihre Erfahrungen mit der Urin-Therapie berichten, wurden auf eigenen Wunsch hin verändert.

Dr. Chandrika Prasad Mishra
Shastri „Ayurved-Ratna"
Eigenurin-Spezialist
Adanpur, Indien 28. Dezember 1992

Herzlichen Dank für Ihren Brief vom 4. November, den ich durch die politischen Unruhen und das damit verbundene Ausgangsverbot, das bis zum 24. Dezember in Kraft war, leider nicht eher beantworten konnte.

Um mich selbst, einen einfachen Mann, vorzustellen, darf ich sagen, daß ich in diesem Moment 86 Jahre alt bin und mich bester Gesundheit erfreue, seit jeher, um genau zu sein von 1929 an, ein alter Freiheitskämpfer in der Bewegung von Mahatma Gandhi war, und in den letzten 32 Jahren der Menschheit mit der Urin-Therapie, oder auch *Shivambu Kalpa*, helfe. Seit 1980 publiziere ich alle zwei Wochen eine Zeitschrift, die *Shivambu Mitra,* und werbe für die Therapie im ganzen Land. Mit der Gnade Gottes, des Allmächtigen, und mit dem Segen und besten Wünschen von Mitarbeitern, Kollegen und aufrechten Freunden, wie Sie selbst, verbunden mit der einzigartigen Fähigkeit des durch Gott geschenkten Nektars, nämlich Shivambu, habe ich es geschafft, eine ganze Reihe akuter und auch chronischer Krankheiten ohne große Probleme zu heilen, wie z. B. Asthma, Diabetes, Rheuma, zu hohen oder zu niedrigen Blutdruck, Krebs, Herzbeschwerden usw.

Darum ist es nun für uns an der Zeit, uns kennenzulernen und die Hände ineinander zu legen, um eine heilige Mission zu verbreiten. Eine Mission, die Gesundheitsbewußtsein, -unterricht und -dienstleistung beinhaltet, so daß die Weltgesundheitsorganisation überzeugt werden kann, die Urin-Therapie in die Liste medizinischer Behandlungsmethoden und -systeme aufzunehmen; eine Liste, in der die meisten der bisher aufgeführten Behandlungsmethoden bis heute nicht von ihrer Wirksamkeit überzeugen konnten.

Aus diesem Enthusiasmus heraus organisieren wir 1993 in Goa die *First All India Conference on Urine-Therapy*.

Zögern Sie bitte nicht, mich schriftlich über Ihren Gesundheitszustand und Ihre finanzielle Situation zu informieren. Bitte erwähnen Sie auch Alter, Größe, Gewicht, Ausbildung, Erfahrung, Arbeit oder Beruf, Familienverhältnisse usw., so daß ich eine Skizze über die glückliche Zukunft all Ihrer Pläne anfertigen kann.

Ich schicke Ihnen in diesem Briefe die Fotokopie eines Zeitungsartikels, der am 8. Oktober 1992 in Taipeh in der Zeitung stand, und der ein Beweis der Popularität der Urin-Therapie in Taiwan ist.

Balkrishna Laxman Nalavade
Eigenurin-Berater
Poona, Indien   **5. Dezember 1992**

„OM, All Life Is One" (OM, Alles Leben ist Eins)

Ich habe mich sehr über Ihren Brief vom 4. November gefreut. Ich war einige Zeit auf Reisen und kann Ihnen darum erst jetzt antworten. 1969 begann ich mit der Anwendung der Urin-Therapie. Ich wurde damals auf wunderbare Weise von verschiedenen Krankheiten geheilt. Von meinem 25. bis zum 40. Lebensjahr, also mein ganzes Arbeitsleben lang, war mein Körper ein wahres „Museum" von Krankheiten: Magenschmerzen, Amöbenruhr, Verstopfung, Blinddarmentzündung, Hämorrhoiden, Nierensteine, Nervenzusammenbrüche, Rückenschmerzen und Herzbeschwerden. Es gab keine Therapie, die mich von allen Leiden erlösen konnte. Schließlich wurde ich 1968 von einem renommierten Arzt untersucht, der mir mitteilte, daß ich nicht mehr lange zu leben hätte. Aber dank Gottes Vorsehung wurde ich innerhalb von zwei Monaten mit Hilfe der Urin-Therapie geheilt.

Nach dieser wunderbaren Heilung habe ich in Poona, einer Stadt, in der ich seit 1969 lebe, eine Praxis aufgebaut. Mittlerweile sind tausende chronisch kranker Patienten, die von Schulmedizinern längst aufgegeben wurden, mit Hilfe der Urin-Therapie geheilt. Von den verschiedenen Naturheilverfahren ist die Urin-Therapie die einfachste, effektivste und sicherste Methode, und man verfügt über sie 24 Stunden pro Tag. Für noch bessere Resultate kann die Urin-Therapie sicher mit Akupressur, Akupunktur, Yoga, spiritueller Heilung, Heilmitteln auf Kräuterbasis, Farbtherapie, Homöopathie, Beten, Meditieren usw. verbunden werden. Die Urin-Therapie ist ein Geschenk Gottes, ein allheilendes Mittel für Menschen, aber auch für Tiere.

Für weitere Details lege ich eine Kopie der Vorlesung bei, die ich auf dem *World Congress of Natural Medicines* (Welt-Kongreß der natürlichen Medizin) gehalten habe.

Es freut mich zu hören, daß auch Sie diese nutzvolle Therapie anwenden. Seit 1969 ist mein Leben eine Art „Bonus-Leben" geworden, das mir vom Allmächtigen gegeben wurde; ich nutze dieses zur Verbreitung der Urin-Therapie und zugunsten der Wohlfahrt der leidenden Menschheit.

Da der Dezember ein festlicher und heiliger Monat ist, wünschen wir, meine Familie und ich, Ihnen, Ihrer Familie und Ihren Freunden ein frohes Weihnachtsfest und ein glückliches neues Jahr. Möge Gott Sie alle mit einem langen, glücklichen, gesunden und kreativen Leben segnen.

Falls Sie nach Indien kommen, besuchen Sie uns in Poona und geben Sie uns die Gelegenheit, Sie als Gast empfangen zu dürfen.

D. Satyamurthy
Mitarbeiter des Bethany
Colony Bapatla, Indien   **27. Dezember 1992**

Ich bin paramedischer Mitarbeiter (ärztlicher Assistent) im Bethany Colony, wo Menschen mit Lepra und Aussatz behandelt werden. Eine Frau aus England, Schwester Margaret Deleney, erzählte mir über die Urin-Therapie. Zusammen haben wir verschiedene Fälle tropischer Leprageschwüre, chronischen Asthmas und von Hauterkrankungen mit dieser Methode versorgt. Die Resultate waren gut. Später habe ich selbst zahlreiche Krankheitsfälle behandelt, und nie versagte die Anwendung. Die Urin-Therapie ist auch das beste Heilmittel bei chronischen und schmerzhaften Hämorrhoiden. Sitzbäder und das Trinken des Urins können die Beschwerden schnell auflösen. Das größte Problem ist meistens der Patient selbst, wenn er sein eigenes Wasser nicht trinken will. Darum mischen wir oft den Urin mit Orangensaft und reichen das zum Frühstück.

Ich kann mit gutem Recht sagen, daß dies das beste Heilmittel gegen Leprageschwüre, Asthma und Hautkrankheiten ist. Ich bin sehr dankbar für diese Therapie, und ich habe den Plan, eine separate Klinik für die Urin-Therapie aufzubauen.

**Erklärung von Dr. Jagdip Shah
Arzt in Bombay und Sprecher
der „First All India Conference
on Urine-Therapy", Goa 1993**

Als praktizierender Gynäkologe interessierte ich mich erstmals für die Urin-Therapie, nachdem ich schon sechs Jahre in einer Klinik Erfahrungen gesammelt hatte. In dieser Zeit erfuhr ich die Beschränkungen der Schulmedizin. Als ich von der Urin-Therapie Kenntnis genommen und ein Diplom in *Naturopathie* erlangt hatte, fing ich an, das neugewonnene Wissen bei einigen meiner Patienten anzuwenden; nicht nur in gynäkologischen oder geburtshilflichen Fällen, sondern auch für andere Hilfesuchende.

Die Resultate dieser Therapie bei einigen Krankheiten waren verblüffend; manche Leiden waren darunter, bei denen die Schulmedizin die Situation sicherlich nicht zufriedenstellend und manchmal sogar überhaupt nicht auflösen konnte. In den letzten zwei Jahren habe ich eine ganze Reihe von Erkrankungen mit einer Kombination von Urin-Therapie und Diät behandelt, was erstaunlich gute Resultate hervorrief u. a. bei Herpes Genitalis, angeschwollener Prostata, Nierensteinen, Hypothyroidismus (ist eine übermäßige Funktion der Schilddrüse), rheumatoider Arthritis, Weißfluß (sind anormale starke Ausscheidungen aus der Vagina), chronische Stirnhöhlenentzündung und allergischer Dermatitis.

Die wissenschaftliche Erklärung dafür:

Urin beinhaltet, wie durch Untersuchungen herausgefunden wurde, viele Nährstoffe. Er enthält Proteine, Hormone, Mineralien, Vitamine usw., die leicht wieder durch den Körper aufgenommen und nochmals gebraucht werden können, ohne daß die Energie verlorengeht.

Urin enthält immunologisch aktive Substanzen, die virale und bakterielle Infektionen bekämpfen. Diese Stoffe geben einen starken Impuls an das Abwehrpotential, selbst bei Personen, deren Widerstandskräfte geschwächt sind, z. B. bei Aids und Krebs.

Urin ist ein kräftiger Reiniger; er entgiftet und vertreibt schädliche Stoffe. Kombiniert mit einer Fastenkur oder Diät auf Rohkost- und Fruchtbasis, können alle Giftstoffe in ein paar Wochen aus dem Körper entfernt werden.

Urin hat eine Anti-Krebs-Aktivität; mit wissenschaftlichen Verfahren isolierte man schon viele Stoffe aus dem Urin, die eine bewiesene positive Wirkung bei der Krebsbekämpfung haben.

Der Arzt Dr. P. D. Desai ist der Meinung, daß der Schaden, der an der Menschheit durch moderne, starke Arzneien, Impfungen, Bestrahlungen und unnötige Chirurgie verursacht wird, viel höher liegt als der Verlust infolge einer Atombombenexplosion. Deren Zerstörung begrenzt sich, relativ gesehen, nur auf den Platz, wo die Bombe explodiert und dann auch nur innerhalb einer gewissen Periode. Der Schaden durch starke Arzneien verbreitet sich jedoch über alle Länder der Welt, das ganze Jahr hindurch: tagein, tagaus.

Es folgt eine schriftliche Reaktion Stanislaw R. Burzynskis (ein wissenschaftlicher Forscher, der die Anwendungsmöglichkeit der Anti-Krebs-Substanz Antineoplast entwickelt hat) an das Urin-Therapie-Zentrum in Ahmedabad, Indien. Er geht ein auf die mögliche Verbindung seiner Forschungsergebnisse und der positiven Resultate der Urin-Therapie, so wie sie in Indien angewandt wird.

Bei unserer Untersuchung interessieren wir uns hauptsächlich für die Substanzen, die wir Antineoplast nennen. Diese Substanzen haben eine sehr starke Anti-Krebs-Aktivität, ohne daß sie Schaden am normalen Gewebe des Menschen verursachen. Letztes Jahr behandelten wir mit Erfolg 14 Krebsarten, u. a. Blasen-, Darm-, Zungen-, Brust-, Lungen-, Eierstock- und Gebärmutterkrebs. In allen Fällen hatte sich der Krebs schon ausgebreitet. Die Ergebnisse dieser Untersuchung werden in Kürze erscheinen. Antineoplastone, die in chemikalischer Hinsicht mittelgroße Peptide sind, werden durch das gesunde menschliche Gewebe produziert und kommen im Blut und im Urin vor. Gegenwärtig isolieren wir sie aus dem normalen Urin von Menschen. Die Konzentration von Antineoplastonen im Urin ist sehr klein und man muß hunderte Liter Urin verarbeiten, bevor man eine tägliche Dosis für einen Patienten beisammen hat. Die Substanz wird in einer Flüssigkeit aufgelöst und wie Insulin gespritzt. Wir haben es bei fortgeschrittenen Krebsfällen geschafft, eine völlige Aufhebung zu erlangen. Bis jetzt ist noch keine einzige negative Wirkung wahrgenommen worden. Es freut mich sehr, daß Sie in Indien gute Ergebnisse mit der Urin-Therapie erzielen; dies dient möglicherweise der Unterstützung unserer Theorie. Die Heilkunde der westlichen Welt hat viel von der indischen übernommen. Es tut gut zu wissen, daß unsere Therapie vielleicht eine Verbindung darstellt zu der natürlichen Behandlungsmethode, die schon seit Hunderten von Jahren angewandt wird.

Persönliche Erfahrungen

Wilma Meijer, Utrecht, Niederlande

Ich habe die Urin-Therapie in Indien entdeckt, wo ich lange Zeit lebte. Ich traf regelmäßig einen Mann in einer Bank, doch auf einmal kam er nicht mehr. Man erzählte mir, daß er an Typhus erkrankt sei, ein ernstes, erschöpfendes und oft tödliches Leiden. Ich informierte mich weiterhin über seine Gesundheit, und man erwartete bei jedem neuen Anfall, den er bekam, daß er sterben würde. Eines Tages kam ich wieder in die Bank und da stand dieser Mann – in blühender Gesundheit! Erst später hörte ich von ihm, wie er wieder gesund geworden ist. Ich berichtete, daß meine eigenen Kinder ziemlich krank seien. Da erzählte er mir, daß er sich damals selbst mit der Urin-Therapie geheilt habe.

Meine vier Kinder litten an einer Blutkrankheit, die man Mononucleose nennt. Dadurch waren sie geschwächt, müde und lustlos und hatten dauernd erhöhte Temperatur. Ich ließ meine zwei jüngsten Kinder in ein braunes Fläschlein urinieren und gab es ihnen später als Medizin zu trinken, ohne daß sie es wußten. Mein Kindermädchen war mir hierbei eine große Hilfe. Sie ermutigte mich dazu und erzählte mir, daß in ihrem Herkunftsstaat Kerala, in Südindien, viele Fischer Urin gebrauchten. Wunden, die beim Fischen entstehen, können sich schnell zu schlimmen Infektionen entwickeln. Urin war dann oft ein vorbeugendes und hilfreiches Mittel.

Ich ließ meine Kinder einige Tage fasten und massierte sie mit Urin jeden Tag ein paar Stunden ein. Am Anfang war das sehr schwirig, weil mein Mann absolut dagegen war. Etwas später wiederholte ich die Fastenkur noch einmal für eine Periode von zehn Tagen, und die Reaktion meiner Kinder darauf war sehr gut. Sie wurden zusehends gesünder und hatten einen guten Appetit. In der Schule wurden sie viel kreativer und ihre Leistungen verbesserten sich. Anscheinend wurden sie von innen heraus auf allen Ebenen viel reiner.

Natürlich habe ich in dieser Zeit auch selbst die Urin-Therapie angewendet. Schon seit meinem 18. Lebensjahr hatte ich große Schwierigkeiten mit einer Bronchitis und Stirnhöhlenentzündung. Ebenso litt ich an chronischer Blutarmut. Nachdem ich mit der Urin-Therapie angefangen hatte, ging es mir viel besser. Im Laboratorium war man darüber erstaunt, daß mein Blut auf einmal einen so hohen Hämoglobinwert aufwies. Der war nämlich wieder ganz normal!

Später habe ich die Urin-Therapie ausgesetzt, bis sich irgendwann ein Tumor in meiner Brust befand. Untersuchungen zeigten, daß er wahrscheinlich bösartig sei. Zuerst wollte mir niemand bei der Behandlung mit der Urin-Therapie helfen oder mich unterstützen. Die Alternativen aber waren chemische Arzneien und eine wahrscheinliche Brustamputation. Das wollte ich auf jeden Fall verhindern. In dieser Zeit lernte ich Elly kennen, eine Niederländerin, die in einem indischen Ashram wohnte und mir beistand. Wir sind damals mit der ganzen Familie in den Ashram gegangen. Regelmäßig trank ich dort meinen Urin. Ich beschloß, nicht jedesmal nachzufühlen, ob der Tumor noch da war oder nicht. An einem Tag dann entdeckte ich, daß er weg war. Damals wurde ich noch nicht einmal mit Urin massiert, ich habe ihn nur getrunken.

Auch bei Verwundungen habe ich Urin angewandt. Einmal habe ich einen Menschen mit Verbrennungen 3. Grades behandelt, und durch die Anwendung von Urin sind kaum Narben zurückgeblieben. Wenn meine Kinder bluteten, von Insekten gestochen oder von einer Qualle gebissen wurden, benutzte ich mit viel Erfolg Urin-Kompressen.

Früher arbeitete ich in der Krankenpflege und weiß somit etwas von der Heilkunde. Ich habe im Operationssaal und als Gemeindeschwester gearbeitet und oft gesehen, wie die Schulmedizin versagte. Das macht es für mich viel einfacher, mit der Urin-Therapie zu arbeiten.

Urin-Therapie ist das Beste, wirklich! Ich finde, daß es nichts Besseres gibt.

Lisette Thooft, Rotterdam, Niederlande

Ich bin 40 Jahre alt und arbeite als Journalistin. In den ersten drei Monaten, in denen ich mich mit der Urin-Therapie beschäftigte, schrieb ich ein Buch, bin umgezogen und vollzog zwischendurch mein Programm als alleinstehende, arbeitende Mutter. Das zeigt so ungefähr, über wieviel Energie ich verfügte. Zu dieser Zeit raste eine Grippeepidemie durch die Niederlande, und beinahe jeder, den ich kannte, wurde krank – außer mir. Eines Nachts begann es dann doch, es fing an mit dem klopfenden Gefühl einer Entzündung in der Nase und am Zahnfleisch (eine empfindliche Stelle), mit einer trockenen Kehle und laufenden Augen. Logisch, dachte ich, jetzt, wo das schlimmste Chaos vorbei ist, breche ich zusammen. Ich gurgelte und spülte mein Zahnfleisch mit frischem Urin und verdoppelte die tägliche Dosis Urin, die ich normalerweise trank. Anderthalb Tage später war ich wieder völlig in Ordnung. Sogar meine Nase lief nicht mehr. Die Grippe, oder was es auch immer war, ist nicht durchgekommen.

In der Anfangsphase war die Wirkung auf mein Gemüt sehr auffallend. Das Trinken meines eigenen Urins versetzte Grenzen, die ich für unumstößlich hielt und gab mir ein wunderbares Gefühl innerer Freiheit. Nach dem Motto: Wenn ich DAS kann, dann kann ich alles. Nach Australien reisen zum Beispiel. Das Gefühl der Freiheit ist bis heute geblieben.

Emmanuel J. Pruis, Amsterdam, Niederlande

Ungefähr 1975 hörte und las ich in Bombay zum ersten Mal etwas über die Urin-Therapie.

Über das bemerkenswerte Ritual, bei dem frisch ausgeschiedener Urin konsumiert wird, hatte ich schon einmal etwas gehört und gelesen, als ich ungefähr elf Jahre alt war (und zwar bei Tieren, Ziegen und auch bestimmten Menschenaffen, die diese Methode während einer Krankheit anwandten).

Interessant war es sicherlich, daß diese alte, außergewöhnliche Kenntnis erneut meinen Weg kreuzte, und zwar als Büchlein eines Acharya Jagdish B., einem indischen Herausgeber, der es sich zu seiner Lebensaufgabe gemacht hatte, diese, seiner Meinung nach perfekteste, auf die Person zugeschnittene Therapie, einem großen Publikum bekannt zu machen. In der Buchausgabe enthüllte auch der indische Premierminister Morarji Desai, daß das Geheimnis seiner Vitalität und energiereichen Lebenshaltung das Trinken seines Urins sei. Wenn ich mich gut erinnere, war dieser Mann schon weit über 70 Jahre, als er sein hohes politisches Amt ausübte. In den letzten Nachrichten, die ich über ihn hörte, hieß es, daß er das Alter von 90 Jahren überschritten habe und noch immer ein sehr aktives und gesundes Leben führe.

Aber gut, die Kenntnis von etwas zu haben und das dann auch anzuwenden, sind zwei verschiedene Paar Schuhe. Trotz dieser fantastischen Kenntnis über die Urin-Therapie, von der behauptet wurde, daß sie eine Lösung selbst für Krankheiten, wie Krebs, Leukämie, Gangrän und eine ganze Reihe anderer Infektionen und Unannehmlichkeiten biete, konnte ich diese Methode nicht so einfach an mir selbst ausprobieren.

Das geschah ungefähr vier Jahre später: Noch immer hatte ich bis dahin niemanden finden können, der schon Erfahrungen mit dieser Methode gemacht hatte. Das Schicksal sorgte dann dafür, daß ich während eines Urlaubs im Norden Europas in einer Isolationszelle landete, da man dachte, ich hätte etwas mit einer Haschisch-Geschichte zu tun. Um aus dieser Zelle herauszukommen und statt dessen ins Krankenhaus verlegt zu werden, wo auch ein Freund von mir lag, beschloß ich, auszuprobieren, was passieren würde, wenn ich meinen Urin trinke. Würde ich krank werden, dann war es gut. Wenn nicht, naja, das würde ich dann sehen.

Am Morgen spuckte ich das erste Schlückchen Urin sofort wieder aus, noch bevor ich es auf meiner Zunge schmeckte, und schüttete auch direkt den Becher weg, in dem ich meinen Urin aufgefangen hatte. Ekelig! Das mache ich nie wieder, dachte ich.

Am darauffolgenden Tag aufs neue motiviert, um doch so schnell wie möglich ins Krankenhaus zu kommen, unternahm ich wieder einen Versuch, jedoch mit demselben, unangenehmen Resultat. Man kann sich eben mental doch große Barrieren aufbauen.

Am dritten Morgen schaffte ich es, alles in einem guten Schluck runterzukriegen. Ich blieb noch eine Weile sitzen, um zu analysieren, was jetzt geschehen würde. Was den Geschmack betrifft, war im nachhinein alles halb so schlimm, nur ein leicht salziger Nachgeschmack, der sehr schnell wieder verschwand. Ich habe vom Arzt im Namen der Gesundheit schon viel üblere Säfte verschrieben bekommen. Ungefähr fünf Minuten später spürte ich den starken Drang, meinen Stuhlgang zu erledigen. Ich hatte gerade den Topf unter meinen Hintern gesetzt, als alles nur so herausschoß. Das kann man schon als bemerkenswert bezeichnen, da ich durch das schlechte Gefängnisessen schlimme Verstopfungsprobleme bekommen hatte. Fünf Minuten nach dieser „Eruption" folgte eine weitere und ich hatte zum ersten Mal wieder ein erleichtertes Gefühl.

Dieses Ritual habe ich seitdem jeden Morgen wiederholt; bis zum heutigen Tag habe ich keine Probleme mehr mit Verstopfungen. Eine andere, wirklich bemerkenswerte Sache: Mein Leben lang hatte ich ungefähr ein Dutzend kleiner Warzen auf meinen Händen. Nach acht Tagen verschwanden die ganz und gar, als ob sie regelrecht von den Händen abgefallen wären.

Hier und da tauchten erst noch ein paar Pickel auf. Einer davon, der sich genau auf meiner Schläfe befand, ging nach einer Reifezeit von ungefähr acht Tagen auf, und aus ihm flossen etwa anderthalb Teelöffel voll Eiter. Vielleicht eine etwas ekelige Geschichte, aber es begannen deutliche Reinigungsprozesse in meinem Körper. Nach einigen Wochen, in denen ich immer das erste Glas Morgenurin getrunken hatte, fiel mir auf, daß langsam allerlei Veränderungen in mir stattfanden. Jetzt, nach 14 Jahren Urin-Therapie, konstatiere ich, daß ich bis zu 99,9 Prozent weniger anfällig bin für allerlei Epidemien, Grippen, Entzündungen und andere Miseren, die ich früher immer als erster bekommen habe.

Man muß aber nicht unbedingt krank sein, um mit der Urin-Therapie zu beginnen. Eigentlich ist sie dafür da, seine Abwehrkräfte zu erhöhen. Oft kommen kleine, vergessene Krankheiten wieder an die Oberfläche und werden verarbeitet. Meiner Meinung nach können wir auch auf dem Gebiet der Aids-Problematik viel Unterstützung von dieser Methode erwarten. Die Erfahrungen, die ich mit Menschen gesammelt habe, die an Aids erkrankt waren und die trotz schwieriger Umstände doch noch mit der Urin-Therapie begonnen haben, kann man sicherlich als ermutigend bezeichnen.

Bei einer Freundin wurde vor knapp drei Jahren bei einer Untersuchung wegen eines Magengeschwürs Aids diagnostiziert (mit einer *T4-Anzahl* von 80, und den Ärzten zufolge hätte sie ungefähr noch drei bis sechs Monate zu leben gehabt). Auf *AZT* reagierte sie sehr schlecht und auch andere Medikamente vertrug sie kaum. Sie begann mit der Urin-Therapie, und nach zwei bis vier Monaten gingen die Flecken auf ihrer Haut weg und auch der *Candida*-Schimmel verschwand, durch den ihr Hals davor ganz weiß von Ausschlag gewesen war. Durch eine gute Kombination von pflanzlichen, widerstandsstärkenden Mitteln und der Urin-Therapie kam wahrscheinlich ihre Energie wieder zurück. Heute, mehr als zwei Jahre später, ist sie wieder absolut fähig, ihren Haushalt alleine zu führen und ihr Kind zu versorgen. Diese zwei Jahre sind durch verschiedene externe Faktoren sicherlich nicht einfach gewesen. Nicht nur, daß die Ärzte nicht mitarbeiteten, sie behaupteten sogar, daß ihr Leben angesichts ihres allgemeinen Zustandes ohne AZT auf keinen Fall länger als sechs Monate dauern würde.

So gibt es für jeden etwas; wer darüber lachen will, kann darüber lachen, aber für seriöse Selbst-Untersucher oder die an einer Krankheit leidenden Personen bietet die Urin-Therapie eine vielversprechende Herausforderung zur Heilung.

Margot van Leeuwen, Amsterdam, Niederlande

Shivambu Kalpa, die Urin-Therapie, ist für mich die wunderbarste und effektivste Weise, um alle (mir bekannten) körperlichen Beschwerden und Krankheiten zu behandeln. Und das schönste an dieser Therapie ist, daß es nicht nur Symptome verschwinden läßt, sondern auch an der Basis arbeitet. Das heißt für mich: Wahrheit, Einfachheit und Liebe. Meine erste Bekanntschaft mit dieser Therapie war vor ungefähr zwölf Jahren. In Indien, in dem Ashram von Babaji, lief ich an einem australischen Jungen vorbei, der auf einer Leiter stand und die Decke eines Tempels anstrich. Seine Füße waren auf der Höhe meiner Augen und ich sah Wunden und Geschwüre an ihnen. Ich rief nach oben: „Hey, John, du mußt was mit deinen Füßen machen!" Er rief nach unten: „Jaja, ich pinkel drauf!" In mir kamen Muttergefühle auf und ich rief wieder: „Ach, John, sei nicht böse, aber ich habe eine starke Calendula-Salbe bei mir." John sagte: „Nee, nee, ich pinkel einfach drauf!" Es folgte eine kurze Diskussion, woraufhin er von seiner Leiter herab kam und mir seine Therapie erklärte. Ich glaubte nichts von dem, was er sagte und nervte weiter mit meiner Calendula-Salbe. John sagte mir, daß es ein Buch über die Urin-Therapie in der Bibliothek gäbe. Ich war erstaunt, als ich es las, aber ich fühlte und wußte, daß es gut war.

Johns Füße waren nach einer Woche wieder so sauber wie Babyfüßchen. Ich gebrauchte daraufhin die Urin-Therapie für Halsschmerzen und kleinere Wunden, und ich begann, anderen Menschen darüber zu erzählen. Danach vergaß ich es mehr oder weniger und gebrauchte wieder andere Mittelchen.

Einige Jahre später machte ich einen Fußmarsch durch den Dschungel in den „falschen" Schuhen, meine guten Schuhe hatte ich verloren. Als ich wieder zu Hause war, sah mein Fuß furchtbar aus: Der rechte große Zeh war völlig offen und verschmutzt. Also: Calendula-Salbe.

Am nächsten Tag hatte ich einen Elefantenfuß und schlimme Schmerzen. Der örtliche Doktor sagte mir: Antibiotika oder Amputation! Plötzlich dachte ich an John und seine Wundermedizin. Ich wickelte meinen Fuß bis zum Knöchel in einen mit Urin getränkten Lappen. Eine Plastiktüte stülpte ich darüber – ein toller Anblick! Aber ich wußte, daß es wirken würde. Die Schmerzen waren innerhalb weniger Stunden verschwunden, obwohl die Wunde und die Schwellung immer noch da waren. Der Doktor wurde beinahe panisch und echt böse. Aber ich wollte keine Antibiotika. Während der ersten Tage wechselte ich alle zwei Stunden den Verband und trank den Rest Urin. Innerhalb einer Woche war der Fuß wieder in Ordnung. Der Doktor war immer noch böse, aber auch überrascht. Ich ließ ihn das Buch von Armstrong über die Urin-Therapie lesen. Eigentlich kannte er die Therapie schon, aber als indischer Doktor fand er es „beeindruckender", mit Antibiotika zu arbeiten. Dieser Doktor hat seitdem immerhin eine ganze Reihe von Menschen mit Shivambu Kalpa geheilt.

Das Leben eines deutschen Mädchens wurde ebenfalls total verändert. Sie wohnte in Indien, und immer, wenn die Temperatur auch nur ein wenig anstieg, bekam sie auf dem ganzen Körper ein Ekzem. Ich fragte: „Warum hast Du immer lange Ärmel und lange Röcke an, wenn es doch so heiß ist?" Sie schob den Ärmel hoch und sagte: „Darum." Ein furchtbares Ekzem bedeckte ihre Haut auf den Armen und den Beinen. Ich riet ihr, die Arme und Beine mit ihrem eigenen Urin einzureiben, was sie auch machte. Die Schmerzen und der Juckreiz verschwanden sofort. Nach einigen Tagen waren ihre Arme nur noch rot. Sie faßte sich ein Herz und beschloß, ihren eigenen Urin zu trinken. Sie bekam einen solchen Glauben und solches Vertrauen in ihre Heilung, daß sie sogar extra viel Wasser trank, um mehr Urin produzieren zu können. Nach zwei Wochen konnte man kein Ekzem mehr sehen. Es ist nie mehr zurückgekommen.

Die Urin-Therapie überzeugte mich von der heilenden Kraft, die in uns allen ruht; nicht nur auf einer metaphysischen, sondern auch sehr physischen Ebene. Danke dir, mein Körper, für die magische Kraft deines Wassers. Ich beuge mich in Respekt vor dem „Wasser des Lebens"!

Volker Moritz, Bielefeld, Deutschland

Ich sage es gleich vorweg: Ich kann keine großen Wunderheilungen von mir berichten. Nachdem ich als Kind aus reiner Neugierde meinen Urin probierte, und der dann scharf schmeckte und brannte, konnte ich mir nicht vorstellen, ihn jemals wieder zu trinken.

Durch einen guten Freund hörte ich allerdings über die, wie er sagte, gute Wirkung von Urin, so daß ich nach langem Zögern es doch noch mal probieren wollte. Eines Morgens wachte ich auf und wußte direkt: Heute tue ich es! Ich pinkelte also in ein Glas, roch erst daran und trank das Glas in einem Zug leer. Ich war völlig überrascht. Der Geschmack sowie der Geruch waren absolut neutral. Nur die Temperatur fand ich etwas unangenehm. Am nächsten Morgen wollte ich gleich wieder ein Glas meines Morgenurins trinken, doch allein der Geruch ließ mich den Glasinhalt gleich wieder zurück in die Toilette schütten.

Erst lange Zeit später, ich litt an Durchfall, mein Partner hatte mich verlassen und ich fühlte mich einfach nur schwach, zog ich in Erwägung, mal wieder Urin zu mir zu nehmen. Viel schlimmer konnte es ja nicht mehr werden. Das Essen konnte ich sowieso nicht bei mir behalten. Und so trank ich also den ganzen Tag lang nur meinen frischen Urin. Schon nach dem zweiten oder dritten Glas fühlte ich mich schon nicht mehr so erschöpft, und dann ging es mir schnell wieder besser.

Hatte ich manchmal Schwierigkeiten mit dem Geschmack, hielt ich mir einfach die Nase zu, trank den Urin und spülte mit Wasser nach. Inzwischen trinke ich ihn und massiere auch meinen ganzen Körper damit, jeden Tag. Meine trockene Haut sieht nicht mehr schuppig aus , und ich kann ganz entspannt auch mal auf Cremes verzichten, was vorher undenkbar war. Außerdem hinterläßt der Urin auf der Haut einen, wie ich finde, angenehmen, leicht süßlichen, warmen Geruch. Es ist auch interessant, mit Hilfe der eigenen morgendlichen „Urinuntersuchung" (Farbe, Geruch, Geschmack, Substanz) mehr über Körper, Gefühle, Nahrung usw. zu erfahren. Und spannend ist es immer wieder, neue Geschichten über diesen „besonderen Saft" zu hören und neue Rezepte auszuprobieren.

Als ich z.B. hörte, daß man schon lange vor Christus Urin zum Wäschewaschen und Saubermachen der Häuser gebrauchte, probierte ich auch das aus. Ich nahm frischen Urin, mischte einfach alten Urin darunter (dieser war wirklich alt, etwa ein halbes Jahr, mit typischem Ammoniak-Geruch) und begann, damit die Fenster zu putzen. Und – oh Schreck – es löste sich nicht nur der normale Dreck, sondern auch Farbreste, beschlagene Stellen und Flecken, die ich mit normalem Glasputzmittel nie wegbekommen habe. Das gleiche geschah mit einem Spiegel. Und anschließend blieb kein unangenehmer Gestank mehr in der Luft hängen; Hände, die sich gut anfühlten; „Putzwasser", das ich mit gutem Gewissen den Blumen zu trinken geben konnte, und – natürlich – streifenfreie, saubere Fenster!

Da ich früher nicht großartig krank war, kann ich leider von keinen eigenen fantastischen Wunderheilungen erzählen. Doch glaube ich sicher, daß die Urin-Therapie wahrlich einfach gut ist. Und darum werde ich es weiter tun.

Henny Grijsen, Bussum, Niederlande

Schon seit Jahren leide ich an Rheuma, vor allem in meinen Händen. Mein Sohn erzählte mir von der Urin-Therapie und schlug vor, Urin-Kompressen anzuwenden. Ich war ziemlich erstaunt, aber ich begann damals doch, täglich meine Hände mit Urin zu behandeln. Das Resultat war bemerkenswert. Meine Haut fühlte sich sehr sanft an, aber mehr noch: die Schmerzen waren beinahe verschwunden.

Dr. V. P. Mallikarjun, Neu-Delhi, Indien

Ich bin ein qualifizierter Arzt mit vielen Erfahrungen in der Medizin und der Chirurgie. Im März 1986 wurde bei mir Kehlkopfkrebs festgestellt. Nach Behandlungen mit einer Chemo- und Kobalt-Therapie sollte ich doch noch operiert werden. Von August bis Oktober habe ich die Urin-Therapie angewandt. Am 5. Oktober stellte man dann fest, daß ich vollständig von der Krankheit geheilt war, und die Operation wurde abgesagt. Nicht nur medizinisch gesehen bin ich geheilt, sondern führe seitdem wieder ein ganz aktives Leben in meinem Beruf. Mit anderen Worten, auch die Qualität meines Lebens hat sich in hohem Maße verbessert. Ich fühle genausoviel Lebenskraft wie vor 30 Jahren.

Erlebnisse und Erfahrungen

Lily Burroughs, Chicago, USA

Ich litt 35 Jahre lang an Migräne und darüber hinaus seit 15 Jahren an rheumatoider Arthritis. Ich hatte furchtbare Schmerzen in den Gelenken und verließ das Haus nie ohne schmerzstillende Mittel. Zudem plagte mich vier Monate lang eine Pilzinfektion an meinen Füßen. Trotz allerlei Behandlungen wurde es immer nur schlimmer. Darüber hinaus war ich viel zu dick. Kurzum, ich war nicht gerade als die Gesündeste zu bezeichnen. Jemand erzählte mir dann von der Urin-Therapie. Ich nahm Fußbäder mit Urin, und innerhalb einer Woche war die Pilzinfektion verschwunden. Daraufhin fing ich an, meinen Harn zu trinken. Das Resultat war unglaublich. Viereinhalb Monate später war ich 20 Kilogramm leichter. Meine Arthritis ist ganz weg, und ich habe keine Probleme mit Kopfschmerzen mehr. Ich fühle mich, als ob ich wieder Zwanzig wäre.

G. K. Thakkar, Bombay, Indien

Seit 40 Jahren litt ich an einem Ekzem und seit 20 Jahren an Amöbenruhr. Meine Ärzte versicherten mir, daß ich diese Probleme immer haben würde. Erstaunlicherweise bin ich diese Beschwerden durch das schöne Heilmittel „Urin-Therapie" losgeworden. Sie werden überrascht sein zu hören, daß auch einige „Nebenwirkungen" auftraten, auch wenn es keine solchen im schulmedizinischen Sinne waren. Ich litt nämlich an Haarausfall und Schuppen. Darüber hinaus hatte ich das ganze Jahr hindurch kleine Risse in den Fußsohlen und an den Lippen. Regelmäßig hatte ich auch Aphthen in meinem Mund. Alle diese Beschwerden verschwanden.

Auch meine Frau kämpfte schon 20 Jahre lang mit einer Reihe von Problemen, wie z. B. Ohrenschmerzen, Schwindelanfällen, Verstopfungen und Gelenkschmerzen. Sie probierte verschiedene Behandlungen aus – allopathische, homöopathische und ayurvedische – doch nichts half. Schließlich wandte auch sie die Urin-Therapie an und wurde von allen Beschwerden geheilt.

Michael Stevenson, Boston, USA

Vor einiger Zeit wurde bei mir Herpes diagnostiziert. Man verschrieb mir Medikamente, die ich auch einnahm, und die Situation verbesserte sich zunächst. Aber innerhalb der nächsten zwei Wochen kam der Herpes zurück, schlimmer als vorher. Dann fing ich mit der Urin-Therapie an. Nach zwei bis drei Tagen war alles verschwunden. Mich überraschte es aber noch mehr, daß ich damit auch gleichzeitig ein Parasiten-Problem, an dem ich schon seit langer Zeit litt, heilen konnte, und das nur durch die Anwendung der Urin-Therapie.

Georgina Blake, Newport, USA

Eines Tages wollte ich kontrollieren, ob mein Bügeleisen ausgeschaltet war, da ich eben das Haus verlassen wollte. Ich dachte, das Bügeleisen sei kalt und berührte mit der Handfläche ganz kurz die Unterseite. Zu meinem Schrecken war das Bügeleisen aber heiß, und schon war es geschehen. Ich hatte eine Brandwunde 2. Grades an meiner Hand, und das war natürlich sehr schmerzhaft.

Ich erinnerte mich an eine Flasche mit altem Urin, die ich vor ein paar Wochen irgendwo hingestellt hatte. Ich rieb mir die verletzte Hand mit dem Urin ein. Schnell war der Schmerz verschwunden, und nach ein paar Stunden sah die Hand aus, als ob nichts passiert wäre: Keine Blasen, keine Narben und noch nicht einmal ein roter Fleck. Die Wirkung dieser einfachen, aber doch so kräftigen Flüssigkeit ist erstaunlich.

Jeremy McKinney, Tallahassee, USA

An den Folgen einer Antibiotika-Kur, die mir gegen meine Lungenentzündung verabreicht wurde, wäre ich kürzlich beinahe gestorben. Danach lag ich drei Mal innerhalb eines Jahres im Krankenhaus wegen der Behandlung von Darmproblemen, die eine Folge der Medikamente waren. Nach meinem letzten Aufenthalt weigerte ich mich, weiterhin Medikamente einzunehmen. Meine Probleme wurden schnell weniger. Aber ich litt weiter an rektalen Blutungen, die Folgen der Kolitis und Hämorrhoiden waren.

Ein Freund erzählte mir, daß man früher in den Tennessee Hills, wo ich aufgewachsen war, in derartigen Fällen Einläufe benutzte. Ich begann sofort mit täglichen Urin-Klistieren. Eine Woche später hörten die Blutungen auf und haben bis jetzt, zwei Monate später, nicht wieder angefangen.

Nanubhai K. Chitalia, Bombay, Indien

An einem für mich unglücklichen Tag im Februar 1976 entdeckte ich beim Rasieren ein kleines, hartes Geschwür unterhalb meines rechten Ohres. Im Krankenhaus wurde Krebs festgestellt. Im Tata-Krankenhaus in Bombay bekam ich Medikamente, und zwei Jahre lang ging alles gut, bis Tumore an meiner Leber konstatiert wurden. Trotz einer Medikamentenkur ging es mir immer schlechter und ich verlor die Hälfte meines Gewichtes. Letztendlich beschlossen die Ärzte, meine Behandlung zu stoppen; es gab keine Hoffnung mehr. Meine Familie und ich trafen Vorbereitungen für mein Sterben und das Begräbnis.

Auf der einen Seite wartete meine Seele schon darauf, aus meinem Körper zu fliehen, aber auf der anderen Seite war mein Lebenswille so stark, daß ich nach allen Möglichkeiten griff, um zu überleben. Eines Tages war es so, als ob der Messias selbst vorbeikam. Unser Nachbar kam ganz ruhig zu uns und gab mir das Buch „*Manav Moot-*

ra", ein Buch von Raojibhai Patel über die Urin-Therapie. Da ich mich an jeden Strohhalm, den man mir bot, klammerte, fing ich an, mit neuer Hoffnung dieses Buch zu lesen. Ich sah wieder Licht und begann mit der Behandlung meiner schmerzhaften Hämorrhoiden.

Ich betupfte sie acht- bis zehnmal pro Tag mit frischem Urin. Nach 15 Tagen war eine Verbesserung spürbar. Einige dieser Verwachsungen fielen ab, die Blutungen stoppten und auch die Schmerzen verschwanden. Dies erzählte ich meinem Arzt, der darüber sehr überrascht war.

Voller Vertrauen fing ich an die Geschwüre an meiner Leber zu behandeln und hoffte auch, daß das Fieber verschwinden würde. Jeden Morgen trank ich darum ein halbes Glas Urin. Zwischendurch schluckte ich immer noch die Medikamente, die man mir gegen mein Asthma verschrieben hatte. Nach zehn Tagen merkte ich, daß mein Asthma besser wurde. Von da an nahm ich zweimal pro Tag Urin zu mir. Noch mal zehn Tage später kam mein Appetit zurück. Ich schmeckte wieder mein Essen und fühlte mich auch stärker und aktiver. Ich wurde immer begeisterter und beschloß, ab jetzt viermal pro Tag meinen Urin zu trinken. Das Fieber verschwand und ich fing an, viel Wasser zu trinken.

Ungefähr anderthalb Monate nach dem Start dieser Therapie bekam ich eines Nachts einen Anfall von Bauchschmerzen. Ich rannte zur Toilette und fühlte mich so geschwächt, daß ich meine Frau bat, vor der Toilette zu warten. Das, was da herauskam, roch enorm unangenehm. Erst kam nur rotes Zeug heraus, gefolgt von schwarzen Kügelchen. Der Geruch war beinahe nicht zu ertragen. Meine Frau half mir bei der Säuberung und brachte mich dann zurück ins Bett. Seit langem hatte ich danach nicht mehr so gut geschlafen, und am folgenden Morgen fühlte ich mich viel besser.

Nach zwei Wochen bekam ich einen erneuten Anfall dieser Bauchkrämpfe und wieder kam dieses schwarze Zeug heraus. Aber dieses Mal hielt es zehn Tage an. Danach ging es mir noch besser. Die Geschwüre wurden bei der Untersuchung im Krankenhaus nicht mehr ertastet. Ich konnte normal essen und nahm zu. Nach zweieinhalb Monaten war ich völlig wiederhergestellt.

Als ich ein halbes Jahr später wieder ins Tata-Krankenhaus kam, traute der Arzt dort kaum seinen Augen: Er hatte schon vor sechs Monaten mein Dossier weggelegt, in dem Glauben, daß ich höchstens noch 10 oder 15 Tage leben würde. Er holte mein Dossier heraus und rief einige seiner Kollegen zu sich. Sie konnten einfach nicht glauben, daß alle Geschwüre verschwunden waren. Ich erzählte ihnen von der Urin-Therapie mit allen dazugehörenden Details. Natürlich fragten sie: „Wo ist der Beweis, daß es die Urin-Therapie war, die diese Heilung bewerkstelligte?" Ihre medizinische Sichtweise führte zu einer recht reservierten Haltung gegenüber der Funktion der Urin-Therapie. Ich forderte die Ärzte heraus, vier ihrer Patienten unter meine Obhut zu stellen, mit der Versicherung, daß ich sie heilen werde, während sie im Krankenhaus verbleiben. Sie schlugen diese Herausforderung allerdings ab, da sie, juristisch gesehen, die Verantwortung nicht auf sich nehmen konnten.

Heute, sechs Jahre später, bin ich 53 Jahre alt; ich bin vollkommen gesund, esse normal und habe eine Arbeit. In meinem Körper befindet sich nicht die Spur einer Krankheit, und ich schlucke auch keine Medikamente mehr. Ich trinke wohl jeden Tag sieben- bis achtmal meinen Urin. Dem Mann, der mir das Buch über die Urin-Therapie gab, bin ich immer noch sehr dankbar.

Alakh Niranjana, Bombay, Indien
Es war im April 1982, als plötzlich die Haut auf meiner Hüfte anfing zu jucken. Zuerst habe ich das kaum beachtet. Aber dann breitete sich dieser unangenehme Fleck aus. Auch auf der anderen Seite der Hüfte fingen diese Reizungen an, ebenso in meinen Kniekehlen und auf meinen Fußsohlen. Es entstanden kleine Bläschen, und wenn ich diese Bläschen aufkratzte, kam eine klebende Flüssigkeit heraus. Die betreffenden Stellen wurden auch immer dunkler. Verschiedene Salben, die ich ausprobierte, verschlimmerten alles nur noch.

In Bombay habe ich dann einige Spezialisten aufgesucht, die mir Injektionen und Medikamente verabreichten. Aber auch dies zeigte keine Wirkung. Dann ließ ich mich homöopathisch behandeln, was meine Situation so verschlechterte, daß mein ganzer Körper juckte. Schließlich reichte es mir und ich stoppte alle Behandlungen.

Ein Freund riet mir, die Urin-Therapie auszuprobieren. Aber, dachte ich damals, wie hilfreich kann eine Urin-Therapie sein, wenn selbst die modernsten Behandlungsmethoden und klügsten Ärzte versagt haben? Als Experiment begann ich dann doch mit dieser Therapie; sie konnte ja keinesfalls Schaden anrichten.

Den Geschmack des Urins fand ich furchtbar. Beim Trinken mußte ich oft würgen, und regelmäßig dachte ich daran, auch mit dieser Behandlung aufzuhören. Aber ich schaffte es doch, drei volle Tassen pro Tag zu trinken. Am Ende der dritten Woche zeigten sich die ersten Besserungen. Diese klebende Flüssigkeit kam nicht mehr aus den Bläschen. Das ermutigte mich. Inzwischen war auch mein Widerstand gegen den Urin kleiner geworden. Ich fing an noch mehr Urin zu trinken. Nach einem Monat stoppte der Juckreiz. Nach einem weiteren Monat begann sich die Haut auf den dunklen und schuppigen Flecken abzupellen. Die Farbe der Haut wurde wieder heller. Das ging alles unheimlich langsam, und es dauerte vier Monate, bis meine Haut wieder normal und gesund war. Aber meine Freude kannte keine Grenzen.

Weil ich so begeistert von der Urin-Therapie war, verwendete ich Urin dann auch als Augentropfen. Mein Sehvermögen verbesserte sich. Sogar ganz kleine Buchstaben kann ich jetzt ohne meine Brille lesen.

Erlebnisse und Erfahrungen

Weiterhin wurde mein Haar langsam grau. Die Urin-Behandlung hatte zur Folge, daß mein Haar wieder schwarz wurde. Das war wirklich die größte Überraschung.

Ich bin überzeugt, daß unser eigener Urin wahrlich ein Nektar auf Erden ist. Die regelmäßige Einnahme des Urins schenkte meinem Körper auf jeden Fall neue Kraft und Jugend.

John W. Armstrong schreibt in seinem Buch „The Water of Life" über seine persönliche Erfahrung mit der Heilung einer Wunde:

. . . ich hatte einen Unfall, bei dem meine Zehen, der Fuß und der Knöchel ernsthaft verletzt und gequetscht wurden. Die Zehennägel waren verschoben und die Zehen hatten sich in das Fleisch meiner Füße gedrückt. Der Schock und der Schmerz waren enorm groß. Aber dennoch verweigerte ich die Hilfe eines medizinisch geschulten Freundes, da ich bewußt die Wirkung des Urins bei der Behandlung meiner Wunde beweisen wollte.

Nachdem die verletzten Glieder meines Fußes mit Hilfe einiger Menschen, die Zeugen dieses Unfalls waren, wieder zurechtgerückt worden waren, fastete ich vier Tage lang (was eine hilfreiche Methode zur Linderung von Schockauswirkungen ist) und wickelte in alten Urin getränkte Lappen um den Fuß. Diese Bandagen wurden regelmäßig wieder naß gemacht und erst am fünften Tag abgenommen. Als sie entfernt waren, verblüffte das Ergebnis: Alle Spuren der Wunde waren verschwunden, und der Fuß war so gesund und beweglich wie in meinen jungen Jahren.

John Wynhausen, Lincoln, USA

Mein Abenteuer mit der Urin-Therapie begann zu Anfang des Jahres 1991, am Vorabend meiner Reise nach Indien. Ich las eine sehr inspirierende Geschichte, die von dem Mediziner Professor Evangelos D. Danopoulos geschrieben wurde, der erfolgreich Leberkrebs mit Urea und Kreatin (beides Hauptbestandteile des Urins) behandelt hatte.

Kurze Zeit später war ich in Indien auf der *„International Conference on Complementary Medicine"* (Internationale Konferenz der komplementären Medizin) in Madras. Ich saß neben einem Arzt aus Israel, der nach Indien gekommen war, weil er sich für die Arbeit mit Lepra-Patienten interessierte. Wir erhielten Literatur, in der beschrieben war, daß Lepra erfolgreich mit Urin behandelt werde. Am nächsten Tag hörten wir eine Vorlesung über die Urin-Therapie. Ein gewisser Herr Thakkar erzählte mit großer Begeisterung seine Geschichte. Zufälligerweise litt ich gerade an Durchfall. Eine gute Gelegenheit, dachte ich, diese Therapie auszuprobieren. Das tat ich dann auch und muß gestehen, daß ich die erste Tasse niemals vergessen werde! Natürlich bin ich nicht daran gestorben. Meine Beschwerden verschwanden, doch werde ich wohl nie wissen, ob das nun durch den Urin kam oder nicht. Nach dem ersten Schluck ging der Rest wie von selbst.

Ich kann ehrlich sagen, daß die Praxis, jeden Morgen ein Glas eigenen Urin zu trinken, mir nicht nur physisch, sondern auch meinem Geist und meiner Seele gut getan hat. Es führte zur deutlichen Stärkung meiner Gesundheit. Ich bin lange nicht mehr so launisch wie früher, das bestätigen mir auch meine Freunde. Seit ich mit der Urin-Therapie angefangen habe, bekam ich keine einzige Virusinfektion mehr, und, was noch wichtiger ist, ich vertraue fest darauf, daß diese Gewohnheit mir helfen wird, gesund zu bleiben.

Maria Longman, Clifden, Irland

Ich hörte vor kurzem etwas über Sie und die Therapie, mit der Sie arbeiten. Hiermit möchte ich Sie wissen lassen, daß in dem Teil in Irland, in dem ich wohne, Babys mit Urin gewaschen werden. Den Kindern wird auch beigebracht, ihren Urin für Wunden und Schnittwunden zu verwenden. Leider rückt das moderne Leben auch hier immer näher, und so denken die Menschen, daß die altbewährten Methoden primitiv sind.

Trezie van Dijk, Haarlem, Niederlande

Ich entdeckte den folgenden Auszug auf der Rückseite einer Ansichtskarte mit einem Bild eines „*Kruikenzeikers*" („Gefäßpinkelers") und dachte, daß es interessant sein könnte:

„In Tilburg lebten früher viele Bauern, die an großer Armut litten. Im Mittelalter begannen die Bauern, die Wolle der eigenen Schafe zu spinnen und auf selbstgebauten Webstühlen im eigenen Wohnraum grobe Wollstoffe zu weben. So entwickelte sich die Wollindustrie, die Tilburg später so bekannt werden ließ, aus einfacher Hausarbeit. Im Laufe der Zeit entstanden kleine Fabriken, in die Lohnarbeiter für ein paar Cent zum Arbeiten kamen.

Den Stoff veredelte man durch eine besondere Technik, die ‚pinkeln und waschen' genannt wurde. Zum Waschen und Färben der Wolle benötigte man Ammoniak, das sich auch im Urin befindet. Darum konnten die Arbeiter ihren Urin mitbringen, den sie dann bezahlt bekamen. Es gab Arbeiter, die im Jahr für 30 bis 40 Gulden Urin mit in die Fabrik brachten. Man sagt, am Montag würde man den Harn nicht annehmen, da er einen zu hohen Prozentsatz Alkohol enthalten würde. In diesem Zusammenhang wurde den Tilburgern der Name ‚*Kruikenzeikers*' gegeben."

Annemieke Oppenraaij, Arnhem, Niederlande

Ich habe vier Tage alten Urin in mein Haar massiert und eine Nacht einwirken lassen. Es ist schön weich und frisierbar geworden, obwohl es durch eine Dauerwelle und mehrmaliges Färben ziemlich ausgetrocknet war. Phantastisch!

Weiterhin habe ich mich eine Woche lang mit frischem Urin einmassiert und wagte dann auch,

Erlebnisse und Erfahrungen

Urin zu trinken, allerdings mit Orangensaft gemischt. Die ersten Tage fühlte ich mich total fit, doch dann wurde ich zusehends müder. Ich hatte manchmal sehr viel Schlaf nötig, dann wieder nur wenig. Es passierte so einiges, z. B. tauchten bekannte depressive Gefühle zwischendurch auf. Ich selber sehe das als eine Art Reinigung, die sich vollzieht.

Danielle Vos, Heerhugowaard, Niederlande

Ich bin 60 Jahre alt, habe drei Kinder und bin überzeugt von der Idee, daß die Lösungen vieler Probleme und Krankheiten ganz einfach und offensichtlich sein können. Ich hatte vor etwa einem Jahr Last mit einer Kosmetik-Allergie, die sich mit einem schrecklichen Ausschlag äußerte. Dagegen benutzte ich Hormon- und Teersalbe. Doch im letzten Sommer beschloß ich, die Salbe liegenzulassen und die Urin-Therapie auszuprobieren:

1. August: Ich trinke meinen Urin – erst mit verzogenem Gesicht, doch man gewöhnt sich schnell daran – so oft wie möglich, d. h. praktisch die gesamte Menge tagsüber und auch nachts. Ich massiere mir auch direkt meine Arme damit ein. (Was für eine schöne Farbe hat Urin!) Nach dem Schwimmen reibe ich den gesamten Körper mit Urin ein. Resultat: Anstelle der grauen, furchigen und trockenen Haut war diese nach dem Einreiben völlig weich und glatt.

7. August: Der Ausschlag verändert sich; manchmal verschwindet eine Stelle, manchmal ist sie wieder da. Gelegentlich brennt es ziemlich, dann wieder nicht. Ich beginne mit der Massage von vier Tage altem Urin; das stinkt echt! Die Haut meiner Hände, die alt und faltig aussah, ist sanft und glatt geworden.

10. August: Ein Zahn, der schon monatelang beim Trinken von kaltem Wasser weh tat, schmerzt nicht mehr! Was für ein angenehmer Nebeneffekt... Schwindelgefühle, unter denen ich seit etwa einem Jahr, seit einer Infizierung der Gleichgewichtsorgane, leide, sind bedeutend weniger geworden. Ich massiere mich jetzt jeden Tag ganz mit Urin ein. Es kommt mir so vor, als ob ich weniger Streß habe, und ich bin auch nicht mehr so schnell aus der Ruhe zu bringen.

13. August: Ich finde, mit dem Ausschlag dauert es zu lange. Darum verpacke ich meine Arme mit einem in Urin getränkten Tuch und decke alles mit Plastik ab. Am folgenden Morgen ist der Ausschlag weg! Ich kann meinen Augen kaum trauen. Im Laufe des Tages kommt der Ausschlag aber zurück und beginnt wieder zu brennen. Der Tagesurin schmeckt auch bitter. Ich höre mit Schwimmen auf und bedecke meine Arme jeden Abend mit dem in Urin getränkten Tuch. Morgens sehen die Stellen immer viel besser aus.

17. August: Nachts wird es mir plötzlich übel, den darauf folgenden Tag auch noch. Ich habe das Gefühl, bald Durchfall zu bekommen. Viel schlafen, ich bin müde. Ich bleibe im Bett, schlafe viel, trinke speziellen Kräutertee und esse nichts. Am nächsten Morgen Durchfall, und die Übelkeit

ist vorbei. Von jetzt an trinke ich dreimal täglich meinen Urin, abends mache ich die Armwickel, und morgens wasche ich mich komplett mit Urin. Mit Ausnahme einiger Stellen sieht meine Haut wieder phantastisch aus. Ich bemerke, daß ich regelmäßig – oder unregelmäßig – einen tiefen Atemzug mache, eine Mischung aus Seufzen und Schluchzen: es fühlt sich so erleichternd an, so als ob Dinge auf ihren richtigen Platz fallen. Ich habe Lust, etwas salzlose Kost zu essen.

19. August: Der Ausschlag ist nach dem sechsten Mal Einwickeln beinahe weg! Es klappt also doch ohne Hormon- oder Teersalbe. Ich denke, daß mein ganzes System auch mehr in die Balance gekommen ist. Und ich vermute, daß dadurch meine gesamte Entwicklung, vom Physischen bis zum Spirituellen, beeinflußt wird. Es ist wirklich unglaublich, daß unser eigener Körper eine Medizin produziert. Etwas, was man jederzeit zur Verfügung hat.

25. August: Meine Arme sind völlig in Ordnung und sehen prächtig aus. Ich hatte einige warzenähnliche Gewächse auf meinen Händen und im Gesicht, die während des Gebrauchs der Hormonsalbe vor einem Jahr auftauchten und seitdem nicht mehr weggingen. Jetzt sind sie ganz verschwunden! Auch Muttermale, die bis jetzt immer dicker wurden, haben sich deutlich verkleinert. Eine Geschwulst auf meinem Zeigefingergelenk ist weg. Eine Warze in der Achselhöhle ist beinahe verschwunden und der alte Urin riecht besser.

Ich fühle mich wohler in meiner Haut. Ich schätze, daß die pharmazeutische Industrie nicht so erfreut über diese Therapie ist, doch das ist ihr Problem. Hoffentlich wird es schnell bekannt, daß Medikamente nicht teuer sein müssen und daß wir sie allzeit bei uns haben. Ich finde es ausgezeichnet, was da in vier Wochen so konkret wahrnehmbar mit mir passiert ist.

**David van Kraaikamp,
Amsterdam, Niederlande**

Ich begann mit der Urin-Therapie, als ich aufhörte zu rauchen. Damals hatte ich gelesen, daß die Urin-Therapie stark entgiftend wirke, und genau das konnte ich zu der Zeit gut gebrauchen. Zunächst fing ich an, den Urin in kleinen Schlukken zu trinken (mit Schütteln und Gänsehaut vor Abscheu), mich mit fünf Tage altem Urin einzumassieren und ihn sogar durch die Nase einzuziehen, um meine Nasenhöhlen durchzuspülen. Das Ergebnis war, daß ich dachte, überall Urin zu riechen. Eine befremdende Erfahrung!

Nach ein paar Tagen entstanden starke Schmerzen in meinen Nieren, als ob sie ausgewrungen würden, indem jemand kräftig in sie hineinkneift. Diese Schmerzen tauchten in regelmäßigen Schüben auf. Am nächsten Tag fand ich feine Steinchen in meinem Urin. Die waren vielleicht die Ursache der Schmerzen und haben sich durch das Zusammenziehen der Nieren gelöst. Das weiß ich aber nicht sicher.

Nach einer Woche hatte ich genug vom Urin, eine Art „Überdosis" sozusagen, so daß ich damit aufhörte. Erst nach acht Wochen fing ich wieder damit an. Diesmal aber etwas vorsichtiger: Die ersten Tage nahm ich nur ein wenig Urin in den Mund, um damit zu spülen, später auch zu gurgeln. Ab und zu trank ich auch einen Schluck oder massierte mein Gesicht zunächst mit frischem, später dann auch mit altem Urin.

Nach zwei Tagen fiel mir auf, daß Urin eine besondere Wirkung auf meine Haut hat. Meine Poren, die sonst schnell mit Talg verstopften, waren sauberer und meine Haut etwas weicher.

Dieser zweite Versuch, Urin zu gebrauchen, verlief viel besser. Nach einigen Tagen begann ich, den Urin auch wieder richtig zu trinken. Ich trank auch etwas Urin vor dem Zubettgehen, und es schien mir, daß der Morgenurin etwas heller und weniger stark vom Geschmack dadurch wurde. Ich weiß allerdings nicht, ob das wirklich so war, oder ob ich mir das einbildete.

Nach etwa fünf Tagen bekam ich ziemlich starken Mundgeruch. Manchmal hatte ich sogar richtig grauen Belag auf meiner Zunge. Ich glaube, mein Körper befreite sich von einer Menge Zeug, und das geschah scheinbar durch das Ausatmen. Das war ein wenig lästig, wenn ich mich mit anderen Menschen traf. Dann nahm ich atemerfrischende Bonbons oder Mundwasser.

Eine Woche später: Meine Lymphknoten waren ziemlich angeschwollen, vor allem in der rechten Achselhöhle. An der Stelle, auf der jahrelang ein kleiner, harter Knubbel saß, befand sich nun eine Beule, so groß wie ein halbes hartgekochtes Ei. Es tat weh, und machte mir etwas Sorgen.

Durch das unangenehme Gefühl der geschwollenen Stellen lag ich nachts nicht gerade friedlich im Bett. Nach zwei Tagen intensiver Massage der Achselhöhlen hatte ich kaum noch Probleme mit der Schwellung, doch schmerzte es nun in beiden Achseln und ab und zu auch in der Leistengegend. Ich beschloß, eine Urin-Fastenkur zu beginnen. Zwei Tage später: Mein Mund war wieder total belegt, das bedeutete also wieder Mundgeruch. Ich legte eine Urin-Pause ein. Nichts trinken und keine Massage. Dabei kam es mir verrückterweise so vor, als ob ich dadurch viel müder wurde, so als würde eine Art Klarheit verschwinden.

Am folgenden Tag fastete ich wieder den ganzen Tag mit Urin und trank zusätzlich noch ein großes Glas Wasser. Die Schwellung unter den Achseln verschwand ganz. Etwas Hartes in der Achselhöhle begann weicher zu werden.

Ungefähr zehn Tage später trank ich wieder jeden Tag einen großen Becher Urin nach dem Aufstehen und wusch mein Gesicht und die Achselhöhlen damit. Die Poren reinigten sich zusehends, nur zwischendurch bildeten sich ein paar Milien. Schaute ich in den Spiegel, fiel mir auf, daß meine Haut immer besser aussah. Während des Tages trank ich hin und wieder ein Glas Urin, besonders vor dem Schlafengehen. Mein Urin hat jetzt immer eine helle Farbe (auch morgens) und schmeckt und riecht weniger stark.

Ich glaube, daß mein Körper mehr ins Gleichgewicht gekommen ist und sich inzwischen auch an den täglichen Urin-Stoß gewöhnt hat.

Urin-Therapie und Aids

Hier folgen einige persönliche Erfahrungen und Geschichten von Menschen, die HIV-infiziert sind. Schon vorher habe ich geschrieben, daß es in New York City eine Selbsthilfegruppe mit 700 Mitgliedern gibt, die die Urin-Therapie anwenden. Diese Gruppe ist u. a. durch die Inspiration des Gründers Quique Palladino so groß geworden, der nach eigenem Bekunden ein bemerkenswertes Nachlassen seiner Symptome über die Urin-Therapie erfahren hat. Er hat in dieser Zeit viele Untersuchungen gemacht, um die Urin-Therapie wissenschaftlich zu prüfen. Dabei wurden nützliche Informationen gefunden und anderen zugänglich gemacht. Obwohl seine Begeisterung groß war und er viele Besserungen seines Zustandes erreicht hatte, ist Quique vor drei Jahren doch an den Folgen von Aids gestorben. Seine Geschichte wäre nicht vollständig, würden diese Angaben nicht hinzugefügt. Hier der Bericht eines Freundes von Quique, der mir folgendes erzählte:

Nach dem beinahe vollständigen Verschwinden seiner Leiden bekam Quique auf einmal Schwierigkeiten mit einer Krankheit, die das Nervensystem angreift. Er war enttäuscht, daß er doch wieder krank wurde und hatte auch Angst davor. Er beschloß, auf dringendes Anraten der Ärzte, wieder für einige Zeit Medikamente zu nehmen. Da er wußte, daß die Urin-Therapie und der Gebrauch allopathischer Medikamente nicht zusammenpassen, hat er vorläufig die Urin-Therapie ausgesetzt. Die Medikamente ergaben nicht den beabsichtigten Effekt, und nach ein paar Monaten wurde sein Zustand auf einmal sehr schlecht. Quique wurde von den behandelnden Ärzten dazu überredet, AZT einzunehmen. Aber auch das brachte keine Verbesserung. Nach zwei weiteren Monaten starb Quique Palladino. Seinem Freund zufolge passierte dies, weil er sich in seiner Angst doch wieder auf die starken Medikamente einließ und nicht weiter der Wirkung der Urin-Therapie vertraute, die ihm bis dahin sehr gut getan hatte.

Natürlich darf man nicht vergessen, daß eine Krankheit wie Aids den Körper bis in die tiefsten Schichten schwächt. Auch wenn gute Veränderungen auftreten, brauchen Körper und Geist viel Zeit und vor allem eine Menge Vertrauen und Geduld, um auf diesen tiefen Ebenen gesund zu werden. Darüber hinaus zeigt diese Geschichte, daß keine Therapie oder Methode DAS Wundermittel ist, um eine absolute Heilung des Körpers zu bewirken.

In dem Fall von Quique Palladino hat die Urin-Therapie nicht zu einer bleibenden Auflösung der Krankheit geführt, aber seine Geschichte zeigt, daß eine beträchtliche Verbesserung bestimmter Symptome und damit eine größere Lebensqualität erreicht werden kann. Auch die anderen folgenden Berichte der Menschen mit Aids, welche durch die

Urin-Therapie verbesserte Resultate erfahren haben, verweisen nur auf die Möglichkeit einer positiven Wirkung der Harn-Anwendung bei der Behandlung der Aids-spezifischen Symptome. Weitere Untersuchungen und gezielte Dokumentationen sind wünschenswert und notwendig.

Quique Palladino, New York City, USA

Als ich zum ersten Mal von der Urin-Therapie hörte, habe ich nur darüber gelacht. Ich hatte gerade erfahren, daß Aids bei mir ausgebrochen war, und ich fragte mich, wie man einen *oralen Kaposi* (Hautkrebs) denn bloß mit einer „spirituellen Methode" behandeln könne. Man teilte mir außerdem mit, daß ich noch höchstens zwei Jahre zu leben hätte, vielleicht ein wenig mehr, mit etwas Glück, und daß ich mir überlegen solle, mein Testament zu schreiben.

Die Vorstellung, Urin extern anzuwenden, konnte ich noch akzeptieren, da ich auch offen gegenüber natürlichen Heilmethoden war. Der Gebrauch des Urins schien ein altes, beinahe vergessenes Geheimnis in mir wachzurütteln. Ich erinnerte mich an eine Geschichte meines Vaters über den italienischen Immigranten, der täglich zur Mittagspause in der Fabrik, wo er arbeitete, ein Glas eigenen Urin trank. Er behauptete, daß dies die sicherste und effektivste Art wäre, ein großes Magengeschwür zu heilen.

Mein rechter Fuß war ein regelrechtes Beispiel von *Nekrose* (Absterben des Gewebes). Schon monatelang benutzte ich verschiedene Cremes, die von Ärzten in besonders schlimmen Fällen von Schimmelinfektionen verschrieben werden. Nichts half, schließlich lag die Ursache natürlich auch in meinem Immunsystem, das nicht mehr gut funktionierte. An diesem Abend hörte ich zum ersten Mal von der Urin-Therapie und habe sie sofort an meinem Fuß ausprobiert. Das war der erste Abend seit Monaten, an dem mich der Juckreiz nicht verrückt machte. Ich habe sogar die ganze Nacht gut geschlafen. Wenn ich mit der Anwendung des Urins stoppte, wurde alles sofort wieder schlimmer. Also habe ich es gerne weiter getan.

Nicht nur die Schimmelinfektion verschwand nach ein paar Wochen völlig, sondern auch die trockene, kaputte und schmerzhafte Haut auf meinen Zehen und unter meinem Fuß veränderte sich in Farbe und Charakter. Es kam eine neue Haut zum Vorschein, die so sanft wie die Haut eines Babys war. Da wurde mir klar, daß die Flüssigkeit, die wir alle produzieren, etwas Besonderes ist, und daß wir dumm sind, wenn wir sie nicht gebrauchen. Untersuchungen zeigten mir, daß der Gebrauch körpereigener Flüssigkeiten ein gutes Heilmittel ist. Sie basieren auf Theorien, die sich nicht viel von der Wissenschaft der Homöopathie unterscheiden.

Auch das Trinken des Urins war kein großes Problem – mich zu dekonditionieren allerdings wohl. Ich hatte schließlich gelernt, daß Urin schmutzig und giftig sei. Ich begann also ein kleines Gläschen dieser, durch meinen eigenen Körper destillierten Flüssigkeit zu trinken, dieses Mal mit Respekt und nicht mit Ekel. Später trank ich mehrere Gläser pro Tag. In den darauffolgenden sieben Monaten wurde der Kaposi-Fleck immer kleiner und verschwand dann völlig! Die kleinen Geschwüre in meinem Mund, die mir andauernd Schwierigkeiten machten, sind nie wieder zurückgekommen. Fast jeden Monat kam es vor der Urinbehandlung zu einem Ausbruch von Herpes Genitalis, und ich bin froh, daß die Urin-Therapie auch dagegen geholfen hat. Der Herpesvirus hätte ansonsten zusammen mit dem Ebstein-Barr-Virus, dem Cytomegalo-Virus, dem Papilloma-Virus und anderen Viren meine Widerstandskräfte weiter geschwächt und so mein Leben attackiert.

Ich habe mich noch nie so gut gefühlt und fürchte mich nicht mehr länger vor meiner Zukunft. Als Person mit Aids hätte ich viele Infektionen kriegen können, aber in den letzten 18 Monaten habe ich mir noch nicht einmal eine Grippe oder Erkältung eingefangen. Mein Energiepotential hat sich ziemlich vergrößert, und ich brauche weniger Schlaf, weniger als in den letzten sieben Jahren davor.

Ich glaube an den holistischen Gedanken „Was nicht von inneren Kräften geheilt werden kann, kann auch nicht von äußeren Kräften geheilt werden." Welche Beziehung ist noch intimer, ganzheitlicher und persönlicher, als die Beziehung zu den Inhalten, Schwingungen und Energien unserer eigenen Körperflüssigkeiten?

Nach diesen positiven Veränderungen bin ich schon wieder ein weiteres Jahr mit der Urin-Therapie beschäftigt und teile begeistert meine Erfahrungen mit Freunden und anderen Menschen, die darüber etwas hören wollen. Inzwischen gibt es in Manhattan auch gutbesuchte monatliche Treffen für Menschen, die eine Urin-Therapie anwenden.

Rita Gimbergh, Badhoevedorp, Niederlande

Vor ungefähr zwei Jahren erzählte mir ein Freund von der Urin-Therapie. Ich begann sofort für ein paar Tage mit einer Fastenkur. Danach fühlte ich mich sehr gut. Außerdem entwickelte ich sehr viel Selbstvertrauen; ich begriff auf einmal, wie wichtig meine eigene Einstellung zu allem war, was passierte.

Ich wußte zwar, daß ich HIV-positiv war, beschäftigte mich aber kaum mit den möglichen Folgen. Eines Tages spürte ich einen Juckreiz im Bereich meiner Vagina. Dem Arzt zufolge würde so etwas öfter bei Menschen mit HIV-Infektion vorkommen. Er verschrieb mir eine Creme, deren Verwendung ich aber schnell stoppte. Ich empfand es als unangenehm, von dieser Creme abhängig zu sein. Da dachte ich an meinen Urin und daran, daß der doch sowieso immer über dieses Gebiet ströme. Ich fragte mich, ob das vielleicht helfen würde. Allein der Gedanke daran war bestimmt schon genug, denn schnell waren diese Beschwerden verschwunden.

Einige Zeit später, ich trank damals noch nicht jeden Tag Urin, tauchten altbekannte Beschwerden einer Stirnhöhlenentzündung auf. Das entwickelte sich in den nächsten Wochen zu einer chronischen Grippe, die nicht weggehen wollte, und ich hatte dauernd furchtbare Kopfschmerzen. Meine homöopathischen Mittel schienen auch keine Wirkung zu haben. Ich setzte diese Medikamente ab und fing an, meinen Urin zu trinken. Der hatte in dieser Zeit eine sehr dunkle Farbe, was, meiner Freundin zufolge, auf ein Vitamin-B-Defizit zurückzuführen war. Darum nahm ich eine Extra-Dosis Vitamin B und Vitamin C ein. Das blieb das einzige, was ich zusätzlich verwendete. Einige Male wickelte ich mich in Tücher aus Baumwolle ein, die mit Urin getränkt waren. Dazu träufelte ich alten Urin in meine Nase und ergänzte die Behandlung mit Meditationen und Atemübungen. Schritt für Schritt ging es mir besser, und nach einiger Zeit waren alle Beschwerden verschwunden.

Nach einem halben Jahr entdeckte ich einen Ausschlag unter meinen Armen. Es sah wie eine Allergie aus und juckte auch stark. Viele Pickel hatte ich schon aufgekratzt, was dann auch sehr weh tat. Ich betupfte die Stellen mit Urin, und innerhalb kurzer Zeit waren die Pickel wieder verheilt oder verschwanden sogar ganz. Seitdem benutze ich Urin für jede Wunde, die ich habe, und es wirkt hervorragend. Das Gesicht massiere ich mit Urin und alle Unreinheiten und Pickel verschwinden. Wenn Freunde mich fragen, warum ich so gut aus sehe, antworte ich: „Urin macht's!"

Ich will auch wieder regelmäßig meinen T-Zellen-Wert testen lassen, um zu sehen, ob sich auch dort etwas verändert.

Ich vertraue der Urin-Therapie in erster Linie wegen meiner eigenen Erfahrungen, obwohl ich auch vieles darüber gelesen und gehört habe. Ich fange an zu begreifen, daß Heilung nicht innerhalb eines Monates oder eines Jahres vollbracht ist, sondern daß es sich dabei um einen Prozeß handelt, der wahrscheinlich viel länger dauert.

Richard Boone, Boston, USA

Ich habe Aids und wende nun seit drei Monaten die Urin-Therapie an. Meine Müdigkeit und Schwindelanfälle verschwanden im ersten Monat. Gegen starken Juckreiz an meinen Augen halfen ein paar Tröpfchen frischen Urins. Wenn ich an einem Tag vergesse, meinen Harn einzunehmen, fühle ich mich am nächsten Tag sofort wieder erschöpfter. Die Schwellungen meiner Lymphknoten gingen seit der Urin-Anwendung um 50 Prozent zurück.

Ernest Lyras, Denver, USA

Ich benutze seit vier Monaten die Urin-Therapie. Ich bin HIV-positiv und hatte einen sehr niedrigen T-Zellen-Wert. Mein letzter Test zeigte eine Steigerung von 285 auf 489.

Skyler Davis, Seattle, USA

Ich habe Aids. Drei Monate bevor ich mit der Urin-Therapie begann, hatte ich enorme Anfälle von Nachtschweiß und ich benötigte mindestens 18 Stunden Schlaf! Meine Haut sah trocken und fahl aus. Diese ganzen Symptome waren innerhalb von 10 Tagen verschwunden. Jetzt spiele ich sogar wieder jeden Tag eine Stunde Basketball. Was für ein Unterschied!

Curtis Moten, New York City, USA

Ich habe Aids und mein größtes Problem waren Parasiten. Proben meines Stuhlgangs ergaben, daß ich Schimmelinfektionen und verschiedene Parasiten hatte. Mein letzter Test ergab ein vollkommen reines Ergebnis. Kein Schimmel und keine Parasiten mehr.

Jerry Askew, Detroit, USA

Ich wende nun seit zweieinhalb Monaten die Urin-Therapie an und bekämpfe die Symptome, die mit meiner HIV-Infektion zusammenhängen. Meine Lymphknotenentzündung war innerhalb von 48 Stunden nach dem Beginn der Therapie verschwunden. Ich litt unter einem schwierigen Akneproblem auf meinem Rücken. Aber jetzt, nach fünf Wochen, ist meine Haut wieder rein. Mein Energiepotential stieg innerhalb einiger Tage enorm an, dank dem Trinken meines eigenen Urins.

Dr. med U. E. Hasler
Zitat aus seinem Buch
Eine eigene Apotheke ist in dir

Herr S.: Der Patient war HIV-positiv und litt an verschiedenen Aids-Symptomen, wie Mund- und Afterpilz, Müdigkeit, Augenrötung, Augenbrennen und Antriebsschwäche. Subjektiv fühlte sich der Patient nach einer mehrmonatigen oralen A-L-Kur (Urin-Therapie-Kur) wieder gesund. Das Aids-Virus konnte im Blut nicht mehr nachgewiesen werden. Der Patient bewältigte hernach mühelos ein sehr großes Arbeitspensum, er besaß wieder dieselbe Arbeitsenergie und Vitalität wie früher.

(Auch diesen Fall erwähne ich mit großer Vorsicht, doch sind mir ähnlich positive Berichte aufgrund der A-L-Therapie aus den USA mitgeteilt worden.)

Erlebnisse und Erfahrungen

7. „Shivambu Kalpa Vidhi"

Der vollständige Text aus dem Damar Tantra

Professor Athavale, ein indischer Gelehrter auf dem Gebiet der indischen Kulturgeschichte und des Sanskrit, entdeckte einst einen alten Text, genannt *Shivambu Kalpa Vidhi*, in dem die Anwendung der Urin-Therapie beschrieben stand. Dabei handelt es sich um das Manuskript einer umfangreichen Sammlung Seiner Heiligkeit Shankaracharya aus Dwarka.

Die Übersetzung des gesamten Textes ist in diesem Kapitel zu finden. Dabei möchte ich darauf hinweisen, daß es sich um eine doppelte Übersetzung handelt: aus dem Sanskrit ins Englische und dann vom Englischen ins Deutsche. Schon bei der Übersetzung aus dem Sanskrit gab es Schwierigkeiten, die oft mehrdeutigen Worte in eine eindeutige englische Fassung zu bringen. Das hatte zur Folge, daß ich bei der Übersetzung ins Deutsche dann aus drei Vorlagen auswählen konnte und mußte, die sich in kleinen Details voneinander unterschieden. Die nun folgende Übersetzung ist kein wissenschaftlich überprüftes Rezept, birgt aber trotzdem interessante Informationen und zeigt, auch und gerade in diesem alten Text, die vielfältigen Anwendungsmöglichkeiten der Urin-Therapie auf.

Wie ich im Kapitel 3.2 schon angedeutet habe, wurde der Text für Menschen geschrieben, die innerhalb der östlichen Philosophie und Weltanschauung einem Weg des Yogas und der Meditation folgten. Die häufig symbolische Bildsprache ist also auch auf diese Menschen bezogen und kann für uns „moderne Abendländer" etwas übertrieben klingen. Versucht man aber einfach, den religiösen Aspekt so zu akzeptieren, wie er ist, kann man die praktischen und hilfreichen Hinweise besser erkennen.

Für einige Erklärungen bestimmter Teile des Textes halfen mir die Kommentare von Arthur Lincoln Pauls aus seinem Buch *Shivambu Kalpa*.

Noch ein Punkt vorweg: Im Text wird empfohlen, alten, gekochten Urin für die Massage zu verwenden. Vom Gebrauch des ungekochten Urins wird abgeraten mit der Anmerkung, es könne sonst üble Folgen für die Gesundheit mit sich bringen. Untersuchungen und langjährige Erfahrungen zeigen jedoch, daß dies nicht so ist. Sowohl frischer Urin als auch ungekochter, etwa vier Tage alter Urin eignen sich ausgezeichnet und bringen erstaunliche Ergebnisse bei der äußerlichen Anwendung. Das gilt genauso für gekochten Urin, wie es im Text erklärt wird.

Shiva, die höchste Gottheit der indischen Götterwelt. Aus ihm entspringt Shivambu, das „Wasser der Glückseligkeit". Indische Urin-Therapeuten grüßen sich darum mit „Jai Shivambu", was soviel bedeutet wie „Es lebe das Wasser der Glückseligkeit, gelobt sei das Wasser Shivas!"

Shivambu Kalpa Vidhi (wie es geschrieben steht im Damar Tantra)

Vers 1-4

Oh, Parvati! (Der Gott Shiva spricht zu seiner Frau Parvati) Ich will dir die Handlungsweisen und Rituale des Shivambu Kalpa auslegen, so daß diejenigen, die ihn anwenden, eine reiche Ernte haben. Es empfiehlt sich, den eigenen Urin in Gefäßen aufzufangen, die gefertigt sind aus Gold, Silber, Kupfer, Bronze, Eisen, Ton, Glas, Elfenbein, Holz heiliger Bäume, Knochen, Leder oder Blättern. Darunter sind Ton- und Kupfergefäße am besten zu gebrauchen.

Vers 5

Wer diese Therapie praktiziert, dem rate ich, salzige oder scharfe Nahrung zu vermeiden, sich nicht zu überanstrengen und einer ausgeglichenen und leichten Diät zu folgen. Er kann am besten auf dem Boden schlafen und seine Sinne beherrschen.

Vers 6

Ein so trainierter Mensch steht frühmorgens auf, wenn dreiviertel der Nacht vorbei sind. Anschließend uriniert er, das Gesicht Richtung Osten gewandt.

Vers 7

Der weise Mensch läßt den ersten und letzten Teil des Urinstrahles weg und sammelt nur den mittleren Teil. Das ist die beste Methode.

Vers 8
Man nimmt seinen eigenen Urin, genannt Shivambudhara. Genau wie Kopf und Schwanz der Schlange Gift enthalten, oh Parvati, so sind auch der Anfang und das Ende des Urinstrahles nicht gesund.

Vers 9
Shivambu ist göttlicher Nektar! Er besitzt die Gabe, das Altern, jegliche Beschwerden und Krankheiten zu stoppen. Der Praktizierende soll erst seinen Urin einnehmen, bevor er mit Meditationen oder Yoga beginnt.

Vers 10
Wasche direkt nach dem Aufstehen deinen Mund und dein Gesicht, und führe danach deine anderen Morgenrituale aus. Danach trinke deinen eigenen, frischen und sauberen Urin mit Dankbarkeit und Freude. Alle Krankheiten, an denen man von Geburt an gelitten hat, werden geheilt.

Vers 11
Wendet man diese Methode einen Monat lang an, so ist der Körper von innen gereinigt. Nach zwei Monaten werden alle Sinne aktiviert und energetisiert.

Vers 12
Wird diese Therapie drei Monate angewandt, verschwinden alle Beschwerden und alles Leiden wird beendet. Nach fünf Monaten erhält man vollkommene Gesundheit und göttliche Einsichten.

Vers 13
Nach sechs Monaten Anwendung wird man ausgesprochen intelligent; nach sieben Monaten außerordentlich stark und kräftig.

Vers 14
Nach acht Monaten bekommt der menschliche Körper einen immerwährenden göttlichen Glanz, wie von schimmerndem Gold; und nach einer neunmonatigen beständigen Anwendung verschwinden Tuberkulose und Lepra.

Vers 15
Nach zehn Monaten verkörpert man Glanz und Klarheit. Elf Monate, und man ist innerlich wie äußerlich gereinigt.

Vers 16
Nach einem Jahr fortdauernder Anwendung erwirbt man eine Ausstrahlung gleich der Sonne; und nach zwei Jahren kann man das Element Erde bewältigen.

Vers 17
Drei Jahre ermöglichen einem, das Element Wasser zu überwinden. Es ist sicher, daß man nach vier Jahren das Element Licht besiegt.

Vers 18
Nach fünf Jahren erreicht man die Fähigkeit, das Element Luft zu bewältigen. Siebenjährige Ausübung verhilft einem, sein Ego zu überwinden.

Vers 19
Nach achtjähriger Anwendung dieser Therapie kann man alle fünf wichtigen Elemente des Universums beherrschen. Nach neun Jahren durchbricht man den Kreislauf von Tod und Wiedergeburt.

Vers 20
Nach zehn Jahren kann man ohne Schwierigkeiten in der Luft schweben. Und nach elfjähriger Anwendung ist man in der Lage, die Bewegungen seiner inneren Organe zu hören.

Vers 21
Wer die Urin-Therapie über zwölf Jahre hinweg ausübt, wird so lang leben, wie der Mond und die Sterne. Gefährliche Tiere, wie Schlangen, können ihm nichts mehr antun und kein Gift kann ihn töten. Feuer wird ihm nicht schaden, und er kann auf dem Wasser treiben wie ein Stück Holz, ohne jemals zu ertrinken.

Vers 22–23
Oh, Göttin, ich werde dir jetzt etwas über andere Versionen der Therapie erzählen. Höre gut zu! Wer pulverisiertes Amrita (Tinospora Condifalia) mit seinem eigenen Urin vermengt und dieses Gemisch sechs Monate lang einnimmt, der wird frei von allen Krankheiten und erlangt wahres Glück.

Vers 24
Pulverisiertes Haritaki (Terminalia Chebula), regelmäßig mit Shivambu eingenommen, stoppt jegliche Alterserscheinungen und Krankheiten. Gebraucht man diese Mischung ein Jahr lang, macht es außergewöhnlich stark und gesund.

Vers 25
Nimmt man über drei Jahre hinweg jeden Morgen Shivambu mit einem Gramm Sulfur ein, lebt man so lang, wie der Mond und die Planeten existieren. Der Urin und die Exkremente einer solchen Person können Gold weiß färben.

Vers 26
Das Pulver der Koshta-Frucht ist sorgfältig mit Urin zu mischen und zwölf Jahre lang einzunehmen. Es beseitigt die Spuren des Alters, wie z. B. Falten der Haut und ergrautes Haar. Man erhält die Kraft von tausend Elefanten und lebt so lange wie der Mond und die Sterne.

„Shivambu Kalpa Vidhi"

Vers 27
Ein Gemisch von Pfeffer und Triphala Churna (ein Pulvergemisch aus Terminalia Belavica, Terminalia Chebula und Phylontus Emblica), vermengt mit Shivambu regelmäßig eingenommen, bringt göttliche Ausstrahlung und Klarheit.

Vers 28–29
Vermenge einen Auszug von Mica und Sulfur, und nimm es ein mit Shivambu und etwas Wasser. Das heilt sowohl Wassersucht und rheumatische Erscheinungen als auch Schwierigkeiten der Verdauungsorgane. Man wird stark, bekommt einen göttlichen Glanz und steht über der Zeit.

Vers 30
Wer täglich seinen Urin trinkt und sich zurückhält bei salzigen, sauren und bitteren Speisen, der wird schon bald die positiven Ergebnisse der Therapie und der Meditation bemerken.

Vers 31
Er wird frei von menschlichen Krankheiten sein; er wird einen göttlich strahlenden Körper bekommen, vergleichbar mit dem Shivas; er wird sich schöpferisch, wie die Götter selbst, durch das Universum bewegen können.

Vers 32
Wer regelmäßig den Saft der Neemblätter, pur oder mit Urin gemischt, trinkt, wird ein wahrer Yogi. Er bekommt die Ausstrahlung eines Gottes.

Vers 33
Ein jeder kann sich von allen physischen Krankheiten befreien, indem er ein Jahr lang regelmäßig Shivambu, vermischt mit Neemrinde und Kürbissen in Pulverform, zu sich nimmt.

Vers 34
Man kann Shivambu mit einigen Lotussamen, Senfkörnern und Honig mischen. Das macht den Körper leicht und voller Energie.

Vers 35
Nimmt man die gleiche Menge Mahuafrucht und Triphala Churna täglich mit Shivambu ein, so werden Alterserscheinungen und Krankheiten jeglicher Art verhindert.

Vers 36
Wer die gleiche Menge Mineralsalz und Honig jeden Morgen einnimmt und anschließend seinen eigenen Urin trinkt, der entwickelt einen Körper mit göttlichen Eigenschaften.

Vers 37
Nimmt man täglich eine Mischung aus Sulfur, getrockneten Früchten des Amlas (Phylonthus Emblica) und Muskatnuß ein und trinkt danach Shivambu, so werden alle Schmerzen und Krankheiten verschwinden.

Vers 38
Trinkt man sieben Jahre lang ununterbrochen eine Portion Milch und danach den eigenen Urin, so werden nicht nur alle Krankheiten verschwinden, sondern der Körper wird gut genährt, stark und kräftig.

Vers 39
Wer Shivambu mit Amritakapulver einnimmt, der wird sicher den Tod besiegen.

Vers 40
Und wer Shivambu mit Honig oder Zucker süßt, der wird schon nach sechs Monaten von allen Krankheiten befreit sein. Er wird klar sein in seinen Gedanken und bekommt eine angenehme und melodiös klingende Stimme.

Vers 41
Nimmt man zuerst einige Stückchen oder etwas Pulver getrockneten Ingwers ein und trinkt danach Shivambu, übersteht man alle Krankheiten ohne Mühe.

Vers 42
Trinkt man jeden Morgen Shivambu und kaut danach auf Nirgundiblättern, so erhält man Kraft, starkes Sehvermögen und hat Erfolg in allen Unternehmungen.

Vers 43
Mansheelpuder kann in Urin aufgelöst werden. Trägt man die Paste auf den gesamten Körper auf, so wird der Körper gesund, und ergraute Haare bekommen ihre ursprüngliche Farbe wieder zurück.

Vers 44
Und jetzt, oh Parvati, erkläre ich dir die Vorgehensweise der Massage mit Urin. Führt man die Massage wie folgt aus, hat man Erfolg mit der Therapie und spirituellem Wachstum.

Vers 45
Man fängt Shivambu in einer irdenen Schale auf und kocht den Urin, bis nur noch ein Viertel der Menge vorhanden ist. Das abgekühlte Konzentrat kann dann für die Massage verwendet werden.

Vers 46
Bestimmte Mantren sind bei der Anwendung von Urin-Therapie zu wiederholen.
Fängt man den Urin in der Schale auf:
Aum Aim Hrim Klim Bhairavaya Namaha
Während man den Urin trinkt:
Aum Shrim Klim Uddamareshwaraya Namaha.

Vers 47
Und das Mantra, welches gesprochen wird, während der Urin durch den Körper fließt, lautet: *Aum Sarvashristi Prabhave Rudraya Namaha.*

Vers 48
Shivambu wird dann auf den gesamten Körper aufgetragen. Es wirkt außerordentlich nährend und kann alle Krankheiten heilen.

Vers 49
Wendet man die Therapie auf diese Weise an, erhält man göttliche Kraft. Ein Yogi kann so König der Götter werden. Seine Bewegungen sind fließend und ohne Begrenzung; er wird die Kraft von zehntausend Elefanten besitzen und jegliche Nahrung vertragen können, die er ißt.

Vers 50
Urin, der nicht gekocht wurde, verwendet man besser nicht für die Massage des Körpers. Es kann den Körper sonst schläfrig und anfällig für Krankheiten machen.

Vers 51
Darum sollte ungekochter Urin nicht zur Massage gebraucht werden. Oh, Göttin, verwendet man aber das gekochte Konzentrat des Urins, ist das sehr gesund für den Körper. Man wird auf diese Weise viel erreichen.

Vers 52
Trinkt man Shivambu und massiert seinen Körper damit, ist man erlöst von Alter und Tod.

Vers 53
Der Urin und die Ausscheidungen desjenigen, der Shivambu regelmäßig trinkt, können Gold eine weiße Farbe geben. Wer eine Mischung von Shiro-Amrit, Morgentau und Urin für die Massage verwendet, dessen Körper wird stark, und er wird frei sein von allen Beschwerden.

Vers 54
Wer drei Jahre lang jeden Morgen seinen Urin trinkt und scharfe, bittere und salzige Speisen in seinen Mahlzeiten ausläßt, wird seine Lust überwinden und Meister seiner Begierde sein.

Vers 55-56
Oh, Geliebte! Wer nicht müde wird, sechs Monate lang ein Gemisch aus gerösteten Kichererbsen und Rohzucker einzunehmen und anschließend mit Urin nachzuspülen, der wird die Fähigkeit erreichen, scharf und deutlich zu sehen, auch über eine weite Entfernung hinweg. Er wird fähig sein, Dinge in großer Distanz gut zu riechen. Er bleibt gesund und sein Körper leicht und beweglich.

Vers 57
Oh, Gattin des höchsten Gottes! Wer ein Gramm schwarzen Pfeffer mit einem Gramm Piper Longum zusammen mit Shivambu einnimmt, der wird innerhalb eines Monats eine schöne, melodiöse Stimme bekommen und seine Krankheiten werden verschwinden.

Vers 58
Zuerst nehme man getrockneten Ingwer in Pulverform ein, danach Shivambu; das macht außergewöhnlich stark. Man bekommt die Kraft von zehntausend Elefanten. Es erhält die Jugend, so daß sogar Frauen göttlicher Herkunft angezogen werden.

Vers 59
Oh, Frau von Shiva! Wer Shivambu trinkt, nachdem er geröstete und pulverisierte Terminalia Chebula zu sich genommen hat, der reinigt seinen Körper und gibt ihm göttliche Ausstrahlung. Er bekommt auch ein frohes Gemüt.

Vers 60
Und wer seinen Urin trinkt nach dem Einnehmen einer Mischung aus gleichen Teilen Amrita, Triphala, Kadu, getrocknetem Ingwer, Kreuzkümmel und Piper-Longum-Wurzeln (alles in Pulverform) und dazu einer Diät von Reis und Milch folgt, der wird innerhalb eines Jahres Erkenntnisse über die Schriften entwickeln.

Vers 61
Wendet jemand die Therapie drei Jahre lang an, so wird er stark und mutig werden. Er wird wie ein wahrer Gott auf Erden wohnen. Er wird ein herausragender Sprecher der Schriften und der Weisheit; und das gesamte Universum wird sichtbar für ihn werden.

Vers 62
Derjenige, der Shivambu mit dem Pulver der fünf Teile der Sharapunkha-Pflanze (Devnal) trinkt, wird Meister der Meditation. Er wird in größter Freude und spiritueller Ekstase leben.

Vers 63–64
Oh, große Göttin! Man nimmt getrockneten Ingwer als Pulver, Zucker, Ghee (Butterreinfett), Honig und den Saft der Nirgundiblätter ein, gefolgt von Shivambu. Innerhalb eines Monats wird der Körper kräftig und gesund. Nach einem Jahr genießt man alle Vorteile dieser Therapie und der Meditation.

Vers 65
Erst wird die gleiche Menge schwarzen und weißen Sesamsamens mit Karanjasamen (Pongami Glabvi) und dem Saft der Neemblätter eingenommen; danach trinkt man Shivambu. In Kürze erkennt man die Wirkung dieser Lebensweise und seiner Meditationen. Nach vierzehn Tagen erhält man einen vollkommenen Körper.

Vers 66–67
Man röstet Opiumsamen auf offenem Feuer und vermengt ein zweiunddreißigstel Gramm mit Shivambu. Wer diese Mischung trinkt, gewinnt vollkommene Beherrschung über sein Sperma. Er wird unwiderstehlich sein beim Geschlechtsverkehr; er bekommt völlige Kontrolle über seinen Atem und über starke Gefühle wie Lust oder Wut. Er kann sich eines langen Lebens erfreuen und durch die ganze Welt reisen.

Vers 68
Oh, Göttin! Triphala Churna, Nirgundi und Turmeric drei Monate lang mit Urin eingenommen, verleiht einem hervorragendes Sehvermögen, der Körper bekommt einen göttlichen Glanz und man wird zum Vorbild der Gelehrten.

Vers 69
Wer regelmäßig eine Paste aus Bhringaraj und Honig zu sich nimmt und danach seinen Urin trinkt, der wird nach sechs Monaten frei sein vom Alterungsprozeß; er wird eine scharfe (Ein-)Sicht entwickeln.

Vers 70
Man mischt das Pulver der Rinde des Neembaumes, der Wurzel der Chitraka (Plumago Zeylancia) und der Wurzel des Piper Longum mit Shivambu. Wenn man diese Mischung regelmäßig trinkt, bekommt man innerhalb von sechs Monaten göttliche Kraft; man wird sogar von den Göttern verehrt.

Vers 71
Trinke das Pulver der roten Apamargwurzel (Achyranthus), der Chakramardawurzel (Chenopadium Albium) zusammen mit Neemsaft, danach Shivambu.

Vers 72
Bei der regelmäßigen Anwendung wird man von allen Krankheiten und Zeichen des Alters, wie z. B. von Falten und grauen Haaren, verschont bleiben. Man wird fähig sein, Entfernungen von zehn Yojonas (etwa 125 km) ohne Mühe zurückzulegen.

Vers 73
Er wird über etliche Kilometer hinweg scharf sehen und gut hören können; er wird befähigt, die Gedanken anderer Menschen zu lesen; und, oh Göttin, sogar die schönsten jungen Frauen königlichen Blutes, mit Gesichtern schöner als der Mond, werden sich durch ihn angezogen fühlen.

Vers 74
Eine kleine Menge Kanheri (Nerium Odorum) kann zusammen mit Shivambu eingenommen werden. Epilepsie und andere mentale Störungen verschwinden so innerhalb eines Jahres.

Vers 75
Man nehme zu gleichen Teilen den Saft weißer Gunjasamen (Abrus Precatorius), den Saft der Sharapunkablätter (Devnal), Pulver der Chakramardasamen (Chenopadium Album) und das Pulver der Matulungwurzel (Mahalung).

Vers 76-77
Diese Mischung wird in Urin aufgelöst und als Paste gerührt. Daraus formt man Pillen in Erbsengröße. Jeden Tag nimmt man eine Pille und trinkt danach Shivambu. Wendet man diese Form einen Monat lang an, wird der Körper so gründlich gereinigt, daß man frei von Krankheiten bleibt.

Vers 78
Das Harz des Banianbaumes (Ficus Bengalensis) vermischt man mit dem Pulver der Karanjasamen (Pongamia Glabra), dazu noch etwas Opium. Das nimmt man frühmorgens ein und trinkt danach seinen Urin.

Vers 79
Derjenige erhält innerhalb von sechs Monaten die Lebendigkeit eines sechzehnjährigen Jungen; er kann sich nach Wunsch unsichtbar und wieder sichtbar machen.

Vers 80
Man mischt den Saft der Kavaliblätter und den Saft der Bhringarajblätter mit Honig, Zucker und Ghee zu einer festen Paste, die man lecken kann. Regelmäßig verwendet, befreit es einen direkt von den Zeichen des Alters.

Vers 81
Weiße Senfkörner und Turmeric, gemischt mit zwei Arten Kümmel und zu Pulver verarbeitet, helfen ebenfalls bei Alterserscheinungen.

Vers 82
Man vermengt schwarze Moringa Pterygasperma, Jatamamsi und weiße Senfkörner mit Honig und Ghee. Bei regelmäßiger Einnahme macht es den Körper so schön wie die der Halbgötter Gandharvas.

Vers 83
Man bereite eine Paste aus Kalanemi Veesh (Guggul) und Bhargikawurzel (Clerodendron Serrotum), aufgelöst in Butter. Nimmt man diese regelmäßig mit Shivambu ein, so bekommt man eine schöne Ausstrahlung.

Vers 84
Man wird zu einer leuchtenden Persönlichkeit wie der berühmte König Udayan, der König der Vatsas, und man altert nicht, wenn man pulverisiertes Jalakesarmoos und die Samen des Sapindus Laurifolius, mit Shivambu gemischt, einnimmt.

Vers 85
Oh, Göttin, wer jeden Morgen Urin durch seine Nase einzieht, der wird von allen Krankheiten geheilt, die durch ein Übermaß eines der drei Elemente – Kapha (Schleim/Wasser), Vata (Luft) oder Pitta (Galle/Feuer) – entstehen. Er wird einen gesunden Appetit haben und einen starken und kräftigen Körper.

Vers 86
Wer seinen Körper dreimal am Tag und dreimal des Nachts mit Shivambu massiert, dem wird ein langes Leben sicher sein.

Vers 87
Wer seinen Körper dreimal am Tag und in der Nacht mit Shivambu massiert, oh, Parvati, dessen Körper und Muskeln werden stark und kräftig; er wird fortwährend in Ekstase sein; er bekommt ein freundliches und gesundes Herz und sein Körper eine liebevolle Ausstrahlung.

Vers 88
Oh, Parvati! Auch wer nur einmal am Tag seinen Körper mit Urin massiert, bekommt einen starken und kräftigen Körper.

Vers 89
Nach drei Jahren erhält der Körper einen schönen Glanz, und man wird Meister aller Künste und aller Weisheit sein. Man wird redegewandt und bekommt eine angenehme Stimme; man wird so lange leben, wie die Sterne und der Mond bestehen.

Vers 90
Oh, Göttin, nun werde ich dir die verschiedenen Anwendungsmöglichkeiten in den sechs Jahreszeiten erklären. Folgt man diesen, hat man keine Probleme mehr mit Krankheiten.

Vers 91
Oh, Parvati! Im Frühjahr nehme man pulverisiertes Haritaki (Terminalia Chebula) mit Honig ein, gleichzeitig auch noch getrockneten Ingwer in Pulverform mit Honig, gefolgt von Urin.

Vers 92
Diese Methode befreit einen von zwanzig verschiedenen Krankheiten, die durch ein Übermaß an Kapha (Schleim/Wasser), vierzig Krankheiten, die durch ein Übermaß an Pitta (Galle/Feuer) und achtzig Krankheiten, die durch ein Übermaß an Vata (Luft) verursacht wurden.

Vers 93
Oh, große Göttin, im Frühling empfiehlt es sich, bittere und scharfe Nahrung zu vermeiden. So werden die Gliedmaßen gut entwickelt und richtig genährt.

Vers 94–95
Große Göttin! Während des Sommers nimmt man die gleiche Menge Haritakipulver und Pfeffer (Piper Longum) mit Rohzucker und Shivambu ein. Dies löst alle Beschwerden auf und macht den Körper leicht. Es schärft das Sehvermögen und bringt großen Nutzen. Wer diese Art der Anwendung ausübt, erhält die Fähigkeit, durch die Luft zu reisen.

Vers 96–97
In der Regenperiode (Juli–August) vermischt man Haritakipulver, Pfefferwurzelpulver und Mineralsalz. Danach trinkt man Shivambu. Bei dieser Methode wird der Körper von Krankheiten befreit und bekommt eine strahlende Aura. Nimmt man das Pulvergemisch mit Milch ein, kann selbst Feuer einem nichts mehr anhaben.

Vers 98–99
Während der Sharad-Saison (September–Oktober) nimmt man eine Mischung aus Haritakipulver, pulverisierten Terminali-Chebula-Früchten und Zucker vor dem Trinken des Urins ein. Das reinigt den Körper, befreit ihn von Krankheiten und hilft einem, sich schneller fortzubewegen. Und, oh Gattin des Königs der Götter, innerhalb kurzer Zeit wird man Yoga hervorragend ausüben.

Vers 100–101
Während der Hemanta-Saison (November–Dezember) nimmt man pulverisierten, getrockneten Ingwer, Anvla und Haritakipulver vor dem Trinken des Urins ein. Wendet man dieses Rezept an, so wird man frei von Krankheiten sein; der Mineral- und Flüssigkeitsgehalt des Körpers wird ausgeglichen; das Sehvermögen wird verbessert und ohne Schwierigkeiten erhält man Wissen und fließendes Sprechvermögen.

Vers 102–103
Während der Shishir-Saison (Januar–Februar) nimmt man vor dem Trinken des Shivambus eine Mischung aus Pfeffer, Terminalia Chebula und getrocknetem Ingwer ein. Das reinigt den Körper; man wird so kräftig wie hundert Elefanten und es verhindert die Anzeichen des Alterns. Wer diese Anwendung praktiziert, wird allwissend sein und im Einklang mit allen Lebewesen leben.

Vers 104, 105, 106
Oh, Göttin, während der Einnahme von Shivambu empfehle ich, folgende Dinge zu vermeiden: Gemüse in Form von Blättern, Blumen oder Hülsenfrüchten, wie z. B. Kodra, Linsen, schwarze Bohnen; Getreidesorten, die Blähungen erzeugen; stark gewürzte, scharfe, bittere, salzige und säuerliche Nahrung; sexuelle Kontakte. Vermeidet man all dieses, hilft es der erfolgreichen Ausübung von Yoga. Handlungen gegen diese Vorschriften können unerwartete Resultate verursachen.

Vers 107
Oh, meine geliebte Parvati! Ich habe dir nun alle Details des Shivambu Kalpa erklärt. Dieses Wissen ist geheim und sollte gut gehütet werden. So erzähle bitte niemandem etwas davon!

Hier endet das Kapitel *Shivambu Kalpa Vidhi*, so wie es im *Damar Tantra* geschrieben steht.

Register der Krankheiten und Beschwerden

In diesem Register finden Sie viele Krankheiten, die in der Literatur zum Thema Urin-Therapie genannt werden und die erfolgreich behandelt werden können. Die angegebenen Abkürzungen entsprechen speziellen Behandlungsformen, die zusätzlich zum Trinken des Urins empfehlenswert sind. Bei chronischen Krankheiten empfiehlt sich Fasten mit Urin und Wasser kombiniert mit intensiver Massage. Die im vorliegenden Buch genannten Krankheiten sind mit der entsprechenden Seitenzahl vermerkt

Hier die Abkürzungen für die jeweiligen Behandlungsmethoden:

- **B** = Bäder (Fuß- oder Sitzbäder)
- **E** = Einläufe/Klistiere
- **G** = Gurgeln
- **H** = Haar- und Kopfhautmassage
- **I** = Injizieren
- **K** = Kompressen
- **M** = Massage/äußerliche Anwendung mit altem oder frischem Urin
- **N** = Neti/Nasenspülung
- **T** = Augen- oder Ohrentropfen
- **V** = Vaginale Spülung

Aids 9, 14, 28, 48, 118, 131–135 **E, M**
Akne **M, K**
Allergie 27, 41, 45, 71, 97, 128 **I**
allergische Dermatitis 113 **E, M**
Altersflecken **M**
Alterungsprozeß 49, 55, 106, 139, 141–147
Amöbenruhr 21, 111 f. **E**
Amputationsbeschwerden **K**
Anämie, siehe Blutarmut
Anfälle, spasmische 38
Angina **G**
Apathie 38
Aphthen 69, 122 **G**
Appetitlosigkeit 124
Arteriosklerose 98 **M, I**

Arthritis 113, 122 **M, K**
Arthrose **M, K**
Asthma 36, 45, 55, 97, 103, 111 f., 124 **I**
Atemwegserkrankungen 69 f. **N**
Atrophie 38 **M**
Augenbeschwerden 28, 35 f., 69 **T**

Beschwerden, vaginale **V**
Bettnässen
Bisse **M, K**
Blasen 26 **M, K, B**
Blasenbeschwerden 38, 76, 83
Blinddarmentzündung
Blutarmut 106, 115
Blutdruck, niedriger 111 **M**
Blutgefäßverengung

Bluthochdruck 76, 111
Bright, Krankheit von
Bronchitis 115 **I**
Bulimie

Candidiasis 46, 118

Darmbeschwerden **E**
Depression 38, 128
Dermatitis, allergische 113 **M, K**
Diabetes 41, 71, 89, 106, 111 **I**
Diphtherie 102 **I**
Durchfall 120, 127
Dysenterie

Ekzem 14, 21, 72, 120, 122 **M, K, I**

Energiemangel 54
Epilepsie 38, 145   **I**
Erkältung 21, 53 f., 78   **N, G**

Fieber 38, 77 f.   **M**
Frostbeulen 19, 28, 74   **B, M**
Füße, wunde 26   **B, K**
Fußpilz 74   **B, M**

Gangrän 37 f.   **M, K**
Gefäßerkrankungen
Geisteskrankheit 58
Gelbsucht, siehe Hepatitis
Gelenkschmerzen   **M, K**
Geschlechtskrankheiten
Geschwüre 73, 119, 129   **K**
Gestosen   **I**
Gicht 36, 104   **M, K**
Glaukom   **T**
Gliederschmerzen 37   **M**
Gonorrhö 95
gonorrhöische Urethritis 95
Grauer Star 9   **T**
Grippe 116, 134   **G, N, M**
Grüner Star   **T**
Gürtelrose   **M, K**

Haarausfall 22, 36, 74 f., 122   **H**
Halsschmerzen 28, 36, 69   **G**
Hämorrhoiden 9, 38, 73 f., 111 f., 123 f.   **B, K**
Hände, rauhe 28   **M, K**
Harnwegsbeschwerden 38, 76, 83, 102   **I**
Hautausschlag 77, 125   **M, K, I**
Hautprobleme 26, 28, 35, 38, 57, 72 ff., 80 f., 97, 112, 121, 125, 128 ff., 133 ff.   **M, K**
Hepatitis 36 ff., 77, 96
Herpes 112, 122, 133   **M, K**
Herzbeschwerden 28, 43, 55, 76, 98, 111
Heuschnupfen 97   **N, T, I**
Hirnbluten 38
Hundebisse 35   **M, K**
Husten 53, 78   **G**
Hypothyreodismus

Insektenstiche 28   **M, K**
Ischias 36   **M, K**

Juckreiz 38, 120, 125   **M, K**

Kaposi-Sarkom   **M, K**
Katarakt   **T**
Keuchhusten   **G, I**
Kolitis 123
Konjunktivitis   **T**
Kopfhautbeschwerden 74 f.   **H**
Kosmetik-Allergie 128   **K**
Krampfadern   **M**
Krätze 38   **K**
Krebs 9, 14, 21, 25, 40, 42, 61, 100, 106, 111, 113 ff., 121, 123 ff.   **E, M, K**

Lähmung 38   **M**
Leberstauung/-entzündung, siehe Hepatitis
Lepra 28, 56, 112, 138   **M, K**
Leukämie, siehe Krebs
Leukoderma   **M**

Lungenembolie 98
Lungenentzündung
Lymphdrüsenbeschwerden   **M**

Magengeschwür 103, 106
Malaria 57
Masern 41   **M**
Menstruationsbeschwerden 38, 89
Migräne 38, 122   **H, I**
Milzschmerzen 38   **K**
Mononucleose 115
Müdigkeit
Muskelschmerzen   **M**
Muskuläre Dystrophie   **M**
Myalgische Encephalomyelitis/ME   **E, M**

Narben 35, 42, 99   **K, M**
Nasennebenhöhlenentzündung 69   **N**
Nekrose 132   **M**
Nesselrose   **M**
Neurodermitis   **M, K, I**
niedriger Blutdruck 111   **M**
Nierenbeschwerden 46, 76, 83
Nierensteine 111, 113

Ohrensausen 37   **T**
Ohrenschmerzen 28, 69, 122   **T**
Orchitis

Parasiten
Parodontose   **G**
Pest 38
Pilzinfektion 122   **M, B**
Pocken 41   **M, K**

Register der Krankheiten und Beschwerden

Polio 106
Potenz, verminderte 55 **M**
Prostatabeschwerden 113 **E**
Psoriasis 9, 73, 97 **M, K, I**

rauhe Hände 28 **M, K**
Rheuma 28, 36, 38, 97, 111, 113, 121, 140 **M, K**

Scharlach **G**
Schilddrüsenüberfunktion 113
Schlangenbisse 28, 35, 54, 57 **M, K**
Schnupfen 69 **N**
Schock 28, 89
Schuppen 38, 74 **H**
Schwangerschaftsübelkeit 41
Schweißfüße **B**
Schwindelanfälle 38, 122 **H**
Seeigelstachel **K**
Sehkraft, verminderte 37, 126, 141 **T**
Skorbut 37

Sonnenallergie **M, I**
Sonnenbrand **M, K**
spasmische Anfälle 38 **I**
Stirnhöhlenentzündung 113, 115 **N, H**
Streß 14
Syphilis

Taubheit 37 f. **T**
Tuberkulose 25, 28, 40, 101, 106, 138
Typhus

Übergewicht 33 **I**
Unruhe 60, 98
Urethritis, gonorrhöische 95
Urtikaria **M, K, I**

vaginale Beschwerden 69 **V**
Verbrennungen 35, 115, 123 **K, M**
Verdauungsbeschwerden 53, 103, 140 **E**

Vergiftung 28, 53 f., 59
verminderte Potenz 55 **M**
verminderte Sehkraft 37, 126, 141 **T**
Verstopfung 103, 111, 117, 122 **E**

Warzen 14, 117, 129 **K**
Wassersucht 37 f., 140
Wechseljahrsbeschwerden
Weißfluß 38, 69, 113 **V**
wunde Füße 26 **B, K**
Wunden 17 ff., 35, 38, 42, 73, 102 f., 106, 115, 119, 126 f., 134 **M, K**
Wurmbefall 54 **E**

Zahnfleischentzündung 69 **G**
Zahnschmerzen 69, 128 **G**
Zittern 36 **M**
Zungenbeschwerden 69 **G**
Zysten **M, K**

Namen- und Sachregister

Abele, Johann, Dr. 44, 71, 102
Abendurin 66
Abfallprodukt 20, 30, 33 f., 81
Agglutinine 106
Alchemie 36
Alkohol 32, 62, 77
Allantoin 106
Allmann, Ingeborg 45 f., 106
Allopathie 8, 62, 131

Amaroli 51, 53
Aminosäure 99
Ammoniak 72, 83, 99, 102 f.
Androgen 98
Antigene 102
Antikörper 101 f.
Antineoplaston 42, 106, 114
antiseptische Wirkung 29, 40, 102
Anwendung, homöopathische 70 f.

Armstrong, John W. 16, 18, 25, 30, 37 ff., 40, 55 f., 66
Augentropfen 69
Ausscheidungsorgane 33
Auto-Inokulation, siehe Selbstimpfung
Auto-Therapie 95
Ayurveda 35, 52 f., 57 f., 85

Bakterien 26, 82 f., 99, 102
Bartnett, Beatrice, Dr. 13, 15, 19, 24, 63, 93
Bibel 40
Buddhismus 57–61
Burzynski, Stanislaw R. 113 f.

Clifford, Terry 58 ff.
Cordero, A. A. 61
cross-over-Untersuchung 92

Dalai Lama 60
Damar Tantra 48 ff., 52 f., 136–148
Danopoulos, E. D., Dr. 100
Darmkanal 32, 96, 99
Darmreinigung 66, 68
Deachman, T. Wilson, Dr. 39
Desai, Morarji 10, 16, 25
DHEA 106
Diagnose 59, 88
Diät 32, 76 f., 79 f., 89, 137
Dosis 76 f., 99
double-blind-Untersuchung 92
Drogen 8, 29
Duncan, Charles, Dr. 94

Edam, Dr. 41 f.
Edelsteine 60
Einlauf 67 f., 123
Eiter 83, 88
Ekel 11 ff., 15, 20, 63 f., 85, 87, 105, 117, 133
Energiehaushalt 80, 97
Entgiftung 8, 31, 75 ff.
Enzyme 20, 25, 29, 32, 43, 97 f.

Ernährung 14, 29, 32 f., 48 f., 65 ff., 76–80, 84 f., 96, 137, 147 f.
Erstverschlimmerung, siehe Heilreaktion
Eskimos 35

Fast Food 77
Fasten 19, 30, 40, 46, 63, 66 ff., 77 f., 85, 103
Fette 32, 78, 96, 101, 103
First All India Conference on Urine Therapy 23 f., 26, 30, 98
Fleisch 77, 80
Fremdurin 63, 89 f., 98
Fruchtwasser 13, 42 f., 83, 99
Fußbad 74, 122

Gallenblase 31
Gandhi, Mahatma 7, 55
Ganges 56
Gastric secretory depressants 106
Geburtshilfe 10
Gegenanzeigen 88
Gegengift 28
Gehirnchirurgie 100
Geruch 64, 88
Geschmack 64, 77–80, 85 f., 121
Giftstoffe 31 f., 75, 77, 82
Gleichgewicht 13, 31 f., 33 f., 88, 131
Glucuronsäure 106
Glutamin 82, 99 f.
Gurgeln 64, 68 f.
Gynäkologie 10
Gyu-zhi 58 f.

H-11 106
Haarbehandlung 22, 74 f.
Harnindikan 106
Harnsäure 80, 106
harntreibende Wirkung 104
Harnweginfektion 82
Harrer, Heinrich 60 f.
Hasler, U. E., Dr. med. 46 f., 106
Haut 33, 81, 101
Heilkunde, tibetische 58–61
Heilreaktion 8, 65, 67, 71, 75–78, 128, 130
Heilungsberichte 9, 110–135
Heilungskrise, siehe Heilreaktion
Heilwirkung, homöopathische 32, 82, 88, 101
Heilwirkung, isopathische 82, 101
Herman, John, Dr. 32
Herz, Kurt, Dr. 41, 44
Hinduismus 48–57
Hippursäure 106
Hologramm 45, 102
Homöopathie 35, 70 f., 85
homöopathische Heilwirkung 32, 82, 88, 101
Hormone 14, 20, 29, 31 ff., 39, 42, 50, 65, 89, 97 f., 101
Hormonpräparate 33

Immunsystem 11, 94 f., 99 f., 101 ff.
Indianer 35
Indien 10, 14, 16 f., 20–24, 35, 48–57, 136–148
Industrie, kosmetische 26, 33, 42

Namen- und Sachregister

Industrie, pharmazeutische 33, 42 ff.
Injektion 41, 44, 71
Instinkt 84
Insulin 42
Interleukin-1 106
Isopathie 35
isopathische Heilwirkung 82, 101

Kelten 36
Kinder 63, 127
Kinderurin 63
Klistier 41, 67 f., 123
Koffein 32, 62
Kohlenhydrate 78
Kompresse 73, 102 f.
Kopfhautbehandlung 74 f.
Kortikosteroide 97
kosmetische Industrie 26, 33, 42
Kräuter 77
Kreatin Hydrat 100
Krebs, Martin, Dr. 41, 91
Kreislauf, natürlicher 29 ff., 33 f., 43 f., 83
Kuhurin 36, 57, 59

Lama 58
Leber 31 ff., 96, 99
Leberstauung 96
Leukozyten 94

Mantra 53, 55, 142
Massage 30, 49, 62, 66 f., 72 ff., 90, 130, 136, 141 f., 146
Mayo, Katherine 56

Meditation 25, 53, 58, 136, 138, 143
Melatonin 14, 98
Menstruation 79, 89
Mikroorganismen 82 f., 95
Milarepa 58
Milch 77 f.
Milchprodukt 77 f., 80
Mineralien 20, 29, 31 f.
Mittelstrahl 53, 65 f., 137 f.
Morgenurin 11, 19, 64 f., 78 f., 89, 118, 137

Nährstoffe, Wiederverwendung 96 f.
Nahrung, strahlenbehandelte 32, 79
Nasenspülung, siehe Neti
Naturheilkunde 35, 44 f., 87
natürlicher Kreislauf 29 ff., 33 f., 43 f., 83
Neti 69 f., 146
Nieren 31 f., 39, 45 f., 80–83, 96, 104
Niereninfektion 82
Nikotin 32, 62, 77
Nitroglycerin 98
Notfälle 26, 28

Ohrentropfen 69
Östrogen 98

Patel, Raojibhai 55 f.
Pauls, Arthur Lincoln, Dr. 48
Pepsine 97
pH-Wert 46, 89, 99, 101

pharmazeutische Industrie 33, 42 ff.
Placebo-Effekt 92, 105
Precipitine 106
Primärharn 81
Prostaglandine 106
Proteasen 106
Protein Globulin 106
Proteine 42, 97, 101
psychologische Wirkung 104 ff., 127, 129

Reinigungsmittel 121
Römer 35
Rostand, Jean, Prof. 39

Saddhu 54
Salze 29, 38, 78
Salztherapie 103
Schockzustand 62 f.
Schwangerschaft 41, 78, 99
Scott, Cyril 39
Selbstimpfung 94
Shiva & Parvati 48–55, 137–147
Shivambu Kalpa Vidhi 48 ff., 72, 136–147
Sitzbäder 74
Spülungen 64
Spülungen, vaginale 69
Stickstoff 80, 104
Stoffwechsel 33, 104
strahlenbehandelte Nahrung 32, 79
Stuhlgang 31, 103
Suggestion 85
Swami Satyananda Saraswati 51

Swami Shankardevan Saraswati, Dr. 15, 51, 95

Tabu 63, 87
Taiwan 61
Thakkar, G. K., Dr. 21 f., 122
Thomas, Carmen 16, 22
tibetische Heilkunde 58–61

Unabhängigkeit 86, 105
Urea 19, 24, 80, 82, 95, 98–101, 104
Urin, als Handelsware 35

Urin, Inhaltsstoffe 29, 32, 42, 92 f., 105 f.
Urokinase 25, 43, 98

vaginale Spülungen 69
Vitamine 31

Wachstumshormone 42
Warnungen 8, 32, 62, 65, 75, 83, 88
Wassermangel 26
Water of Life Foundation, Indien 21

Water of Life Institute, USA 19, 48
Wirkung, antiseptische 29, 40, 102
Wirkung, harntreibende 104
Wirkung, psychologische 104 f., 127
Wynhausen, John M. 95, 98, 100

Yoga 48, 51, 136, 138, 147 f.
Yogi 14, 20, 25, 52

Zedler, Johann Heinrich 36
Zentralnervensystem 100

Literaturverzeichnis

Abele, Johann, Dr. med.: *Die Eigenharnbehandlung: nach Dr. med. Kurt Herz. Erfahrungen und Beobachtungen;* 8., verbesserte Auflage, Karl F. Haug Verlag, Heidelberg 1991

Allmann, Ingeborg: *Die Heilkraft der Eigenharn-Therapie;* Verlag Dr. Karl Höhn KG, Biberach 1993

Anonym: *Auto-Urine Therapy, „an experienced physician";* Gala Publishers, Ahmedabad 1990

Archarya Jagdish B.: *Auto-Urine Therapy;* Jagdish B. Publications, Bombay 1978

Armstrong, John W.: *The Water of Life;* 1. Auflage 1944, Health Science Press, London 1990

Bartnett, Beatrice, Dr./Adelman, Margie: *The Miracles of Urine-Therapy;* Water of Life Institute, Hollywood 1987

Bartnett, Beatrice, Dr.: *Urine-Therapy. It May Save Your Life;* Water of Life Institute, Hollywood 1989

Bubba Free John: *The Eating Gorilla Comes in Peace;* Dawn House Press, San Rafael 1979, S. 220–224

Clifford, Terry: *Tibetan Buddhist Medicine and Psychiatry.* Samuel Weiser Inc., York Beach 1992

Cordero, A. A.: *Cancer Cures in Twelve Ways;* Science of Nature Healing Center Asia, Philippinen 1983, S. 395–404

Das, A. B.: *All India Directory on Auto Urine Therapy;* Nature Cure and Yoga Research Center, Kalkutta 1992

Devendra Vora: *Health in Your Hands;* Gala

Publishers, Bombay 1982, S. 3, 122–123

Gauthier: *P . . ., buvez, guérissez!* Editions ABC, 1991

Harrer, Heinrich: *Sieben Jahre in Tibet. Mein Leben am Hof des Dalai Lama;* Ullstein, Berlin 1988

Hasler, U. E., Dr. med.: *Eine eigene Apotheke ist in dir. Eine alte Volksheilkunde aus Asien;* Eigenverlag, St. Gallen 1993

Herman, John R.: *Auto-urotherapy.* In: New York State Journal of Medicine, Vol. 80, Nr. 7, Juni 1980, S. 1149–1154

Herz, Kurt, Dr. med.: *Die Eigenharnbehandlung;* 1. Auflage 1930, 5. Auflage im Karl F. Haug Verlag, Heidelberg 1980

Immanu-El Adiv: *The Alchemy of Urine. From Witches' Brew to Golden Elixir.* A Diary; Eigenverlag, Jerusalem 1992

Karlekar, R. V.: *Auto-Urine Cure;* Shree Gajanan Book Depot Prakashan, Bombay 1969

Krebs, Martin: *Der menschliche Harn als Heilmittel. Geschichte, Grundlagen, Entwicklung, Praxis;* Hippokrates Verlag Marquardt & Cie., Stuttgart 1942

Kulkarni, S. J.: *Uropathy. A Sure Cure for All Diseases*; Vorlesung auf dem 20. Weltkongreß für Natürliche Medizin, Madras 1991

Mithal, C. P., Dr.: *Miracles of Urine Therapy;* Pankaj Publications, Neu-Delhi 1978

Nalavade, B. L.: *Auto-Urine. The Nectar of Life;* Vorlesung auf dem 20. Weltkongreß für Natürliche Medizin, Madras 1991

O'Quinn, John F., Dr.: *Urine Therapy. Self-Healing through Intrinsic Medicine;* Life Science Institute, Fort Pierce, Florida 1982

Palladino, Quique: *Urine-Therapy. Drinking from Thine Own Cistern.* In: PWA Coalition Newsline, Nr. 37, USA, Oktober 1988, S. 41–44

Patel, R. M., Dr.: *Manav Mootra;* 1. Auflage 1963, 5. Auflage Lokseva Kendra Publ., Ahmedabad 1991

Paul, Arthur L., Dr.: *Shivambu Kalpa;* Ortho-Bionomy Publishing, England 1978

Schaller, C. T., Dr.: *Amaroli. Source de Vie;* 1. Auflage 1989, Editions Vivez Soleil, Genf 1993

Swami Shankardevan Saraswati, Dr.: *Amaroli;* Bihar School of Yoga, Bihar 1978

Thakkar, G. K., Dr.: *Wonders of Uropathy. Urine Therapy as a Universal Cure;* Bombay 1992

Thomas, Carmen: *Ein ganz besonderer Saft – Urin;* vgs verlagsgesellschaft, Köln 1993

Vaidya Pragjibhai Mohanji Rathod: *Auto Urine Therapy. Science & Practice;* Swasthvrutta Prakashan, Bhavnagar 1988

Wynhausen, John M.: *Urea. Its Possible Role in Auto-Urine Therapy.* In: Shivambu Kalpa Parishad, Gesammelte Vorlesungen, Goa 1993

Wynhausen, John M.: Aus: *Widening Circle;* A Newsletter from John M. Wynhausen, Doctor of Chiropractice, Special Edition 1992

Wichtige Adressen

Dr. med. Johann Abele
Sanatorium für biologische Heilweise,
Schloß Lindach 2
73527 Schwäbisch Gmünd
Tel. 0 7171-7 12 01

Ingeborg Allmann
Laurenbühlstraße 26
88441 Mittelbiberach
Tel. 0 73 51-7 54 00

Dr. med. U. E. Hasler
Oberer Graben 12
CH – 9000 St. Gallen

Docteur C. T. Schaller
Editions Vivez Soleil
32 avenue Petit-Senn
CH – 1225 Chêne-Bourg/Genf
Tel. 00 41-22-3 48 72 34

*Lifestyle Institute
(Water of Life Foundation USA)*
Dr. Beatrice Bartnett
P.O. Box 4735
USA – Ruidoso NM 88345
Tel. 001-505-2 57 34 06

Water of Life Foundation India
Dr. G. K. Thakkar
377-B Jai Shankar Sheth Road
IND – Bombay 400-002
und
Dr. J. T. Shah
Pooja Maternity & Nursing Home
103-105 Shree Santoshi Mata Co-op.
Housing Society Ltd.
Alsalfa Village, Ghatkopar (W)
IND – Bombay 400-084

Bihar School of Yoga
Ganga Darshan
Munger 811-201
IND – Bihar

Liebe Leserinnen, liebe Leser,
wir würden uns freuen, wenn auch Sie uns Ihre Erfahrungen mit der Urin-Therapie schildern würden. Je mehr Informationen wir zusammentragen können, desto besser.
Bitte senden Sie Ihre Post an folgende Adresse:
Coen van der Kroon
c/o vgs verlagsgesellschaft
Postfach 18 02 69
50506 Köln
Stichwort: Die Goldene Fontäne